MACHLOKET STREITSCHRIFTEN

Elisa Klapheck • Abraham de Wolf •
L. Joseph Heid

INHALT

FÜR EIN DEMOKRATIE-NARRATIV

EINLEITUNG

Noch immer gibt es kein positives deutsches Demokratie-Narrativ in seiner Kontinuität. Noch immer sind die Argumentationslinien nicht ausreichend bekannt, die in Deutschland schlussendlich zur Durchsetzung des demokratischen Rechtsstaates führten. Vielmehr wird deutsche Demokratiegeschichte vor allem von ihren Abbrüchen und ihrem Scheitern her erzählt. Auch das große 175jährige Jubiläum der Frankfurter Paulskirche und die damit verbundenen Festveranstaltungen haben die ambivalente Erinnerung nicht aufgebrochen. In Frankfurt trat im März 1848 das erste frei gewählte, gesamtdeutsche Parlament zusammen. Dieser Meilenstein sollte bedeutsamer sein als die Betonung, dass die demokratischen Kräfte schon bald von der Reaktion niedergeschlagen wurden und das Parlament nach einem guten Jahr wieder aufgelöst wurde. So entsteht keine Identifikation mit der langen Tradition des Kampfes für die Demokratie in Deutschland, keine Klarheit für die damaligen Begründungen, wie sie fortwirkten und wie sie uns heute bestärken müssten.

Die großen Meilensteine für das Demokratie-Narrativ sind natürlich die Jahre 1807, 1848/49, 1919, 1949 und 1989. Sie manifestieren wie eine Perlenkette über die Abgründe deutscher Geschichte, verbunden durch dieselben Argumentationslinien gerade *kein* Abreißen der Entwicklung, sondern ein immer neues Ansetzen und Verwirklichen. 1807 – das Jahr der Etablierung von Bürgerrechten mithilfe der napoleonischen Besatzung, 1849 – das Jahr der erstmaligen Verabschiedung einer deutschen Verfassung mit gleichen Grundrechten für alle Bürger, 1919 – das Jahr der Verabschiedung der Weimarer Verfassung, der ersten im heutigen Sinne demokratischen Verfassung, 1949 – das Jahr der Verabschiedung des Grundgesetzes nach den zwölf Jahren des NS-Abgrundes, und schließlich die demokratische Revolution in der DDR 1989. Gerade heute, da die Demokratie gefährdet erscheint, darf das übliche Narrativ des deutschen Scheiterns nicht weiter bedient und zu einer *self fulfilling prophecy* werden. Heute müssen die Kontinuitäten des demokratischen Kampfes als traditionsbildend gestärkt werden.

Dass es kein Demokratie-Narrativ in Deutschland gibt, liegt nicht nur an den Rückschlägen bis hin zum (fast-)Ersticktwerden im NS-Regime. Es liegt auch daran, dass wichtige Komponenten des Kampfes für die Demokratie nicht in ihrer kontinuierlichen, demokratiestiftenden Bedeutung erkannt worden sind. Eine Komponente ist der Anteil des Judentums an emanzipatorischen, gesellschaftlichen Prozessen. Dass der politische Antisemitismus, in seiner höchsten Stufe das Nazi-Regime, nicht nur jüdisches Leben ausradieren, sondern zugleich auch die Demokratie abschaffen will, weist in einen inneren Zusammenhang von Judentum und Demokratie. Tatsächlich sind die Feinde der Demokratie zumeist dieselben, die das Judentum ablehnen. Warum dies so ist – danach wird kaum gefragt und auch nicht nach der demokratiefördernden, rechtsstaatlichen Kraft im Judentum, auf die der politische Antisemitismus reagiert.

Es ist vielsagend, dass sich bei den Feierlichkeiten zum 175. Jubiläum der Frankfurter Paulskirche das Jüdische Museum der Stadt Frankfurt in starkem Maße engagierte und prominente Veranstaltungen über die jüdische Beteiligung damals beisteuerte. Da die Paulskirche als „Ort der Demokratie“ immer noch zu wenig im Bewusstsein der deutschen Bevölkerung verankert ist, hat die Frankfurter Stadtverordnetenversammlung im Zuge des Jubiläums beschlossen, in baldiger Zukunft ein „Haus der Demokratie“ in unmittelbarer Nachbarschaft zum Paulskirchengebäude zu errichten. Bezeichnenderweise ist auch hierbei das Jüdische Museum in die Planungen einbezogen. Denn deutsche Demokratiegeschichte kann tatsächlich nicht ohne die in ihr engagierten Juden und Jüdinnen erzählt werden. Aber der jüdische Anteil geht tiefer. Er beschränkt sich nicht nur auf die Jüdinnen und Juden, die in den damaligen Versammlungen in der Paulskirche und ihrem Umfeld wortführend mit dabei waren,[1] sondern er erstreckt sich auf eine größere jüdische Tradition. Von ihr geprägt konnten die jüdischen Protagonisten wesentliche emanzipatorische Akzente setzen und nicht nur sie – auch andere Parlamentarier, die nicht selbst Juden waren, waren von ihr geprägt und teilten dieselben emanzipatorischen Werte.

Dieser siebte Band der Reihe *Machloket/Streitschriften* setzt den Anspruch der bisherigen Bände fort und präsentiert eine Sichtweise, nach der die Geschichte der deutschen Demokratie nicht ohne den jüdischen Anteil zu verstehen ist. Entscheidende Elemente, die zu einer Demokratie führen – gleiche Grundrechte, eine Verfassung, ein Parlament, gleiche Rechte und Pflichten aller Bürgerinnen und Bürger, Chancengleichheit, emanzipatorisch-gesellschaftliche Prozesse im Wege der Gesetzgebung – sind einem (nicht allein, aber sehr wohl auch) jahrhunderte-, ja jahrtausendealten jüdischen Gesetzesdenken zu verdanken, gespeist aus Tora und Talmud, der großen jüdischen Rechtstradition.

Oft wird in den Biographien über jüdische Protagonisten, die im 19. und frühen 20. Jahrhundert für die Demokratie in Deutschland kämpften, die Identifikation mit dem Judentum heruntergespielt. Weil die Betroffenen nach außen hin nicht explizit religiös in einem jüdisch-orthodoxen Sinn auftraten, sondern modern und säkular, sei ihnen angeblich die Zugehörigkeit zum Judentum nicht mehr wichtig gewesen, so die Autoren und Autorinnen solcher Biographien. Diese Ansicht ist trügerisch und letztlich diskriminierend. Sie setzt in vielerlei Hinsicht den Druck fort, der auf die damaligen Jüdinnen und Juden in Deutschland ausgeübt wurde. In der öffentlichen

1 *Frauen waren nicht als Parlamentarierinnen zugelassen, wohl aber gab es viele engagierte Frauen, die am politischen Diskurs teilnahmen.*

Meinung galt das Judentum als dem Christentum gegenüber minderwertig. Auf Juden, die es gesellschaftlich zu etwas bringen wollten, wurde ein enormer Druck ausgeübt, das Judentum abzustreifen und sich taufen zu lassen. Einige gaben dem nach. Von den Juden, die Juden blieben und sich trotzdem gesellschaftlich engagierten, stellten viele im öffentlichen Erscheinen ihre Identifikation mit dem Judentum zurück, um als Jude der gesamtgesellschaftlichen Sache, für die sie kämpften, nicht zu schaden. Aber waren deswegen die positiven, gesellschaftsgestaltenden, emanzipatorischen Kräfte des Judentums abgestellt? Viele säkulare und universalistische Ausformungen des Judentums haben nicht mit der jüdischen Religion gebrochen, vielmehr waren sie von der jüdisch-religiösen Tradition, insbesondere ihrem Gesetzesdenken her motiviert. Auch unter den christlich getauften Juden sowie unter den säkularen Juden konnten die emanzipatorischen Kräfte des Judentums fortwirken. Und nicht nur bei ihnen. Man muss nicht Grieche sein, um die demokratiefördernden Kräfte der griechischen politischen Philosophie zu bejahen. Viel Judentum wurde implizit über das Christentum in den europäischen Diskurs transportiert und kam in säkularen Bewegungen zum Tragen. Man muss nicht Jude sein, um die revolutionären und emanzipatorischen Kräfte der jüdischen Tradition zu bejahen und für sich zu erschließen.

Indem der jüdische Anteil in den Entwicklungen zur Demokratie weiterhin ausgeblendet, ja sogar tabuisiert bleibt, entsteht ein *missing link*. Dieses *missing link* ist einer der Gründe, warum es immer noch kein kontinuierliches, positives Demokratie-Narrativ für die politische Geschichte Deutschlands gibt, vielmehr die Abgründe und das Scheitern die Sichtweise bestimmen.

Dieser siebte Band der Reihe *Machloket/Streitschriften* ist ein Versuch, anhand zweier großer Protagonisten im revolutionären Geschehen der Jahre 1848 und 1849 die politische Bedeutung des Judentums hervorzuheben: Gabriel

Riesser und Johann Jacoby. Beide widerstanden dem Druck, zum Christentum überzutreten. Beide kämpften gegen überkommene, niederhaltende Machtstrukturen in Deutschland – gegen den Ständestaat, gegen Sonderbeschränkungen für bestimmte Bevölkerungsgruppen, ob für Juden, ob für Deutsche einer bestimmten Konfession oder ob für die Bevölkerung im preußisch besetzten Polen – sowie für gleichberechtigte Teilhabe an den gesellschaftlichen Prozessen. Beide haben die deutsche Demokratiegeschichte als Juden maßgeblich mitgestaltet. Im politischen Engagement beider manifestierten sich auf je eigene Weise wesentliche Kennzeichen der jüdischen Tradition in ihrer politischen, rechtsstaatlichen und demokratiefördernden Bedeutung.

Abraham de Wolf widmet seinen Aufsatz dem erfolgreichen Eintreten des jüdischen Parlamentariers Gabriel Riesser für die Religionsfreiheit. De Wolf bezieht die rabbinische Vorgeschichte Riessers, insbesondere seinen Familienhintergrund zu den revolutionären Ereignissen ein. Riesser, der mit rabbinischem Gesetzesdenken aufgewachsen war, wurde zu einem der größten jüdischen Juristen in der deutschen Geschichte. Auch geht de Wolf auf die sich im liberalen Reformjudentum in Deutschland formierende jüdisch-religiöse Dynamik zur Demokratie ein, in die auch Riesser selbst unmittelbar involviert war. In drei großen Rabbinerversammlungen zwischen 1844 und 1846 hatten die damaligen Reformrabbiner ein modernes Menschenbild aus der Religion des Judentums, verknüpft mit der Bejahung der Demokratie formuliert. Indem de Wolf die drei Rabbinerversammlungen im Vorfeld der Paulskirchenversammlung aufgreift, erhellt sich ein jüdischer Horizont in der Entwicklung.

In diesem persönlichen und geistigen Umfeld verkehrte auch Gabriel Riesser. Er ebnete ein Verhältnis zu Deutschland, das heute als „verfassungspatriotisch“ bezeichnet wird. Die Religionsfreiheit, für die Riesser kämpfte, beschränkte sich jedoch nicht nur auf die Glaubensfreiheit, auf welche Weise man an Gott glaubt, sondern erwies sich bei ihm vor allem als eine durchaus religiös motivierte, politische Frage der Gleichberechtigung, der gesellschaftlichen Chancengleichheit für alle Bürger in Deutschland. Der einschlägige Rechtsartikel, wonach das religiöse Bekenntnis den „Genuß der bürgerlichen und staatsbürgerlichen Rechte weder bedingt noch beschränkt“, der dank Riessers Engagement in die Paulskirchenverfassung aufgenommen und fast wortgleich in die Weimarer Verfassung und das Grundgesetz übertragen wurde, betrifft darum sowohl die Gleichberechtigung der Juden als auch die aller deutschen Bürger (und mittlerweile auch Bürgerinnen). In protestantischen Gegenden litt die katholische Minderheit ebenfalls unter beruflichen Einschränkungen.

Ludger Heids Aufsatz fällt in Bezug auf die gesellschaftlichen Errungenschaften für die jüdische Bevölkerung verhaltener aus. Er beschreibt den Antisemitismus der Zeit als Indiz für das Scheitern der Revolution. Gleichwohl zeigt sich gerade darin ein Umkehrschluss: der Zusammenhang zwischen Judenemanzipation und Demokratisierung. Heids Aufsatz gilt Johann Jacoby, dem engagierten Arzt und Radikaldemokraten. Jacobys jüdische Vita hat einen zusätzlichen Bezugspunkt, da sich sein Weltbild unter anderem aus seiner Solidarität mit der polnischen Nationalbewegung und seinen Erfahrungen mit der unterdrückten Bevölkerung im damals geteilten Polen entfaltete. Die Rolle Polens in der deutschen Geschichte ist ein Thema, das heute im deutschen Geschichtsbewusstsein ebenfalls kaum präsent ist. Jacoby erwies sich mit seinem wiederkehrenden Fokus auf Polen bereits im 19. Jahrhundert als ein Vordenker Europas.

Zur Misslichkeit des fehlenden positiven Demokratie-Narrativs in Deutschland gehört auch das Nichtwissen darüber, dass Gabriel Riesser und Johann Jacoby enorme Popularität in Teilen der deutschen Bevölkerung genossen. 1848 wählten zwei Drittel der Abgeordneten in der Paulskirche Gabriel Riesser zum Vize-Parlamentspräsidenten, nachdem er selbstbewusst als Jude eine fulminante Rede für die Religionsfreiheit gehalten hatte. Zwei Drittel des ersten frei gewählten Parlaments in Deutschland identifizierten sich mit Riessers Argumentation für die Religionsfreiheit! Hier hat eine parlamentarisch legitimierte Mehrheit gerade keine Geschichte des Antisemitismus, vielmehr die Geschichte der Überwindung des Antisemitismus geschrieben. Daran muss immer wieder erinnert werden. Und das muss auch den Kompass für heute bilden. Johann Jacoby hatte sich 1842 in einem Hochverratsprozess erfolgreich gegen den preußischen König Friedrich Wilhelm IV. verteidigt. Ein Jude, ein Demokrat, wies im Wege des Rechts den König in die Schranken! Damit entsprach Jacoby dem von der Tora gegebenen Gebot, wonach auch der König unter dem Gesetz zu stehen habe. Jacoby hatte hier großen gesellschaftlichen Rückhalt, der die Richtung vorgeben muss.

Bislang ist der jüdische Einsatz für die Demokratie vor allem als Teil eines jüdischen Selbstinteresses erzählt worden, als Kampf für die bürgerliche Gleichberechtigung der jüdischen Bevölkerung im 19. und frühen 20. Jahrhundert. Hierüber ist die Geschichtsschreibung nie hinausgekommen. Dieser siebte Band der Reihe *Machloket/Streitschriften* regt zu einer neuen Sicht an, er will ein Bewusstsein für den Anteil des Judentums *als notwendige Voraussetzung* für ein nachhaltiges positives Demokratie-Narrativ deutscher – und heute europäischer – Demokratiegeschichte schaffen. Heute, da die Demokratie erneut in Gefahr geraten ist, bedarf es ihrer Vergewisserung und Bestärkung. Das geht jedoch nicht, ohne den Anteil des Judentums an der Demokratie zu verstehen und zu würdigen.

Elisa Klapheck
Rabbinerin, Herausgeberin

„VERTRAUEN SIE DER MACHT DES RECHTS“

GABRIEL RIESSER – JÜDISCHES GESETZESDENKEN, RELIGIONSFREIHEIT UND DIE DEUTSCHEN VERFASSUNGEN

Abraham de Wolf

O FRANKFURT, DEINE PAULSKIRCHE!

Frankfurt-Besucher, die mit der Absicht die Paulskirche aufsuchen, hier deutsche Demokratiegeschichte nachzuerleben, mag ein eigenartiges Gefühl der Schwächung ihrer ursprünglichen Absicht beschleichen. Beim Eintreten in das Gebäude, dem Ort des ersten frei gewählten deutschen Parlaments, würde man an geeigneter Stelle Aufklärung über die Persönlichkeiten erwarten, die hier 1848 deutsche Demokratiegeschichte machten.

Stattdessen will die nach 1945 beschlossene, vom Architekten Rudolf Schwarz entworfene und umgesetzte Gestaltung des tunnelartigen Eingangsbereichs als halbdunkler, niedriger Raum vor allem der dunklen Zeit der deutschen Geschichte, den Jahren 1933 bis 1945, Ausdruck verleihen, um dann erst über eine Treppe hinauf in den licht-weißen hohen Plenarsaal hochzuführen, in dem große Reden der Bundesrepublik Deutschland gehalten wurden. Diese neue Gestaltung der Paulskirche aus der Ruine einer Bombennacht, die bewusst nicht einfach ein Wiederaufbau sein sollte, prägt die die Erfahrung der Besucher sowie die Fernsehbilder bis heute.

Nebulös bleibt in dieser Gestaltung jedoch der lange, zähe Kampf für die Demokratie im 19. Jahrhundert, der trotz aller Rückschläge obsiegte. Zwar hatte die Stadt Frankfurt im Vorfeld des 175. Jubiläums des Paulskirchenparlaments die seit den 1980er Jahren im Rundgang des Gebäudes hängenden

Schaukästen durch eine von modernen Medien geprägte Bildschirm-Ausstellung ersetzt[1]. Sie bietet tatsächlich einen deutlich besseren Überblick zur Baugeschichte des Gebäudes, dem jetzigen Schwerpunkt der Ausstellung. Man erfährt einiges über die Baugestaltung der Kirche in ihren verschiedenen Phasen. Die Bedeutung der Paulskirche für unsere heutige Demokratie wird in dieser neuen Ausstellung jedoch ebenso wie bei ihrer Vorgängerin vernachlässigt. Sie beschäftigt sich nur am Rande mit den politischen Leistungen des ersten deutschen Parlaments. Die Inhalte der Verfassung von 1849 und vor allem die Formulierung der Grundrechte kommen viel zu kurz. Ihre nachhaltige Bedeutung für die Demokratie in Deutschland wird nicht gewürdigt.

Immerhin werden am Rande einige der Protagonisten genannt. Der am jüdischen Anteil des Paulskirchenereignisses interessierte Besucher erhält durch entsprechenden Knopfdruck tatsächlich eine Kurzdarstellung von Gabriel Riesser. Dabei wird allerdings nicht erwähnt, dass Riesser Jude war. Wer ohne Vorkenntnisse den Text liest, mag denken, dass ein toleranter, dicklicher Mann sich in dieser Zeit für die Juden einsetzte. Dass sich Riesser in einem historischen Moment für seine Rechte als Jude gegen den offenen Antisemitismus seines Vorredners durchgesetzt hatte, dass die Mehrheit der Parlamentarier Riesser darin gefolgt war, worin sich ein neues staatsbürgerliches Verständnis des Wortes „deutsch“ ausdrückte, ein Verständnis, das letzthin geeignet war, einen deutschen Verfassungspatriotismus zu ebnen, erfährt man nicht. Dieser damalige Kontext bleibt im Nebel. Er verschwindet in einem strukturellen Unsichtbarwerden, das nicht allein das Judentum in seiner politischen Tragweite betrifft, sondern den größeren gesellschaftlichen Zusammenhang insgesamt. Für

---

1 *Die neue Ausstellung wurde von Frankfurter Museen, dem Deutschen Architekturmuseum, dem Historischen Museum und dem Institut für Stadtgeschichte konzipiert und realisiert. Finanziert wurde sie von der Wüstenrot Stiftung.*

eine Dauerausstellung an diesem Ort, einer der bedeutendsten Wegmarken deutscher Demokratiegeschichte, greift eine solche Darstellung zu kurz. Zugleich zeigt sich, wie schwierig es weiterhin ist, die politische Bedeutung des Judentums für die deutsche Demokratiegeschichte zu verstehen. Juden und deutsche Geschichte gibt es üblicherweise im Zusammenhang mit dem Antisemitismus und der Schoa, aber das begrenzt die Wahrnehmung des jüdischen Lebens. Es begrenzt zugleich das Wissen um wesentliche Tragflächen der Demokratiegeschichte.

Etwa 300 Meter von der Paulskirche entfernt befindet sich das Institut für Stadtgeschichte. Beim Verfassen dieser Zeilen war dort eine anlässlich des Jubiläums im September 2022 eröffnete, bildlich stark gestaltete zweite Ausstellung zu besichtigen. Sie richtete den Blick vor allem auf die örtlichen Ereignisse der beiden Revolutionsjahre 1848 und 1849 in Frankfurt selbst. Dass sich diese Ausstellung vor allem auf das Geschehen in der Stadt Frankfurt bezog, schuf jedoch eine örtliche Begrenzung, die wenig Raum für die größere Bedeutung bahnbrechender Impulse für die deutsche Demokratiegeschichte insgesamt gab. Immerhin ließen sich die verschiedenen Fraktionen und Persönlichkeiten anhand bestimmter lokaler Ereignisse nachvollziehen. Doch den roten Faden bildeten die Probleme – das Scheitern und schließlich das Ende des demokratisch gewählten Parlaments – und nicht die bleibenden Leistungen, der Quantensprung, der vor allem mit der Verabschiedung einer Verfassung gemacht wurde. An einer Stelle wurde zumindest die 1849 verabschiedete Verfassung gezeigt, welche die Gleichberechtigung der Religionen als Teil des Grundrechtekatalogs enthielt. Und auch gab es auf einer Schautafel in der oberen rechten Ecke ein kurzes Porträt von Gabriel Riesser, in kleiner Schrift mit skizzenhafter Beschreibung seines bedeutsamen politischen Eintretens. Merkwürdig las sich jedoch der Anfang der Erklärung zu ihm: „Der Hamburger Anwalt und Richter ist eines der prägendsten Beispiele, wie sich Juden im politischen Diskurs engagierten." Dies ist ein sehr positiver Satz. Leider fehlten auch hier alle weiteren Informationen, etwa dass Riesser von 1828 bis 1840 keinen juristischen Beruf ausüben durfte, weil er Jude war, dass die Rechtssituation in Deutschland diese strukturelle Diskriminierung erzeugte, dass Riesser es ablehnte, für seine berufliche Laufbahn zum Christentum überzutreten, vielmehr dass er gleiches Recht für alle Deutschen, einschließlich der jüdischen Deutschen forderte, dass er in einer flammenden Rede die Parlamentarier für die rechtliche Gleichberechtigung der Religionen überzeugte und durch ebendiese historische Rede ein antisemitisch motivierter Antrag, der an den alten Benachteiligungen für Jüdinnen und Juden festhalten wollte, mit großer Mehrheit von den mehrheitlich nichtjüdischen Parlamentariern in der Paulskirche abgelehnt wurde, dass es hierbei nicht nur um die Rechte der Juden in Deutschland ging, sondern gesellschaftlich gesehen um etwas Größeres, aber dass ein Jude eben diesen entscheidenden verfassungsrechtlichen Anstoß gab, der sich bis in unser heutiges Grundgesetz niedergeschlagen hat.[2] Die Ausstellung endete im Oktober 2023. Seitdem findet sich an keinem Besuchsort mehr eine Auseinandersetzung mit der Geschichte und politischen Bedeutung des ersten gesamtdeutschen Parlaments. O Frankfurt, was machst du aus deiner Paulskirche!

2 *Anzumerken ist, dass es im Jahre 2006 in der Paulskirche für immerhin einen knappen Monat eine eingehende Ausstellung über Gabriel Riesser gegeben hat. Sie wurde vom Jüdischen Museum Frankfurt, der Universitätsbibliothek Frankfurt und der jüdischen Loge „B'nai B'rith" veranstaltet. Anlass war Riessers 200. Geburtstag. Es ist bedauerlich, dass diese Ausstellung nicht ergänzend in die damalige Dauerausstellung integriert wurde. Das Begleitbuch mit dem Titel „„Dem Streiter für Recht und Freiheit'. Gabriel Riesser zum 200. Geburtstag" verfasste die Historikerin Helga Krohn, die bis 2004 wissenschaftliche Mitarbeiterin des Jüdischen Museums Frankfurt war. Ihre Veröffentlichung bildet eine wichtige Quelle für diesen Aufsatz. Anzuerkennen ist überdies, dass die Stadt Frankfurt 2014 eine kleine Straße in der Nähe der alten Universitätsbibliothek im Stadtteil Bockenheim „Gabriel-Riesser-Weg" benannte. Angesichts des geplanten, weiträumigen Umbaus des Geländes zum „Kulturcampus" ist darauf zu achten, dass der Name nicht untergehen wird.*

In diesem Aufsatz liegt der Fokus auf der jüdischen Dimension des Paulskirchenparlaments, repräsentiert vor allem von der Person Gabriel Riesser. Zugleich soll es darum gehen, sich an der Diskussion um die Weiterentwicklung der Paulskirche als Gedenkort mit seiner Bedeutung für das heutige und künftige deutsche Demokratieverständnis zu beteiligen. Dass am 27. März 1849 eine große Mehrheit der Parlamentarier der Nationalversammlung mit der Verabschiedung der Verfassung zugleich auch für die rechtliche Gleichberechtigung der Juden stimmte, war kein Gnadenakt, sondern Folge des rechtsstaatlichen und parlamentarischen Denkens. Zuvor hatte sich bereits eine Zweidrittelmehrheit mit Riesser identifiziert, der für die Religionsfreiheit eintrat und es ablehnte, sich für seinen beruflichen Erfolg vom Judentum abzukehren und zum Christentum überzutreten. In der großen Zustimmung für Riesser, die sich auch darin ausdrückte, dass ihn die Abgeordneten zum Vize-Parlamentspräsidenten wählten, zeigt sich, dass nichtjüdische Abgeordnete, ja die übergroße Mehrheit der Nationalversammlung der Argumentation eines sich selbstbewusst zum Judentum bekennenden Abgeordneten folgten. Hier stellt sich die Frage, wie der zum geistigen Vermächtnis der Paulskirche gehörende jüdische Anteil angemessen gewürdigt werden kann, damit sich die damaligen Argumentationslinien für eine heutige Stärkung des demokratischen Rechtsstaates nachvollziehen lassen.

DYNAMIKEN DER RELIGIONSFREIHEIT

Am 29. August 1848 beschloss die Nationalversammlung die Formulierung des Artikels 146 in der Verfassung.

> „Durch das religiöse Bekenntniß wird der Genuß der bürgerlichen und staatsbürgerlichen Rechte weder bedingt noch be-

> schränkt. Den staatsbürgerlichen Pflichten darf dasselbe keinen Abbruch thun.“[3]

In diesen schlichten Worten liegt das Grundrecht der Religionsfreiheit verankert – mit allen Konsequenzen. Nach einer vehementen Fürsprache durch Gabriel Riesser wurde es gegen den Widerstand völkisch und antisemitisch gesinnter Abgeordneter in die Grundrechte der Paulskirchenverfassung aufgenommen. Nach allgemeinem Dafürhalten begründet der Artikel 146 vor allem die rechtliche Gleichstellung der Juden. Das Grundrecht auf Religionsfreiheit hat allerdings weniger damit zu tun, was man „glauben“ darf, sondern ob man sich ungeachtet der Religionszugehörigkeit sozial und wirtschaftlich an der Gesellschaft beteiligen kann. Die damalige Kontroverse unterstrich dies: Der württembergische Finanzbeamte und Liberale Moritz Mohl (1802–1888) versuchte mit einer „Ergänzung“, an den alten wirtschaftlichen Beschränkungen für die jüdische Bevölkerung in Deutschland festzuhalten. Auch er war Abgeordneter der Nationalversammlung. Zwar trat er als Liberaler für die Abschaffung der Privilegien des Adels ein, was auf eine Demokratisierung hinauslaufen würde, beschrieb aber in seiner Argumentation die „Israeliten“ als ein den Deutschen „fremdes Element“. Dieses übe, so die klassische Argumentation des politischen Antisemitismus, gerade in wirtschaftlicher Hinsicht einen schädlichen Einfluss aus und müsse darum zurückgedrängt werden. Hier ein Auszug aus seiner Rede:

> „Es gibt gewiß kein größeres Unglück, es gibt gewiß kein schmerzlicheres Unglück, als sein Vaterland verloren zu haben. Dieses Unglück ist das der über die ganze Welt zerstreuten Israeliten. Erlauben Sie mir, die Israeliten gehören vermöge ihrer Abstammung, das wird Niemand leugnen, dem deutschen Volke nicht an, und sie können demselben ganz und vollkommen nie-

3 *Verfassung des deutschen Reiches vom 28.03.1849 (Paulskirchenverfassung), Art. 146.*

mals angehören. […] Wenn wir heute alle Schacher- und Sack-Juden, alle israelitischen Viehversteller, alle mit wucherlicher Aussaugung der armen Bauern beschäftigten Juden für vollberechtigte Staatsbürger erklären, so […] gewinnen dieselben dann nur ein freies Feld, um ihre nachtheilige Einwirkung auf das deutsche Volk recht ungehindert und vollkommen betreiben zu können. […] Die Juden sind ein fremdes Element; sie hängen in der ganzen Welt unter sich zusammen […] das ganze Leben, die ganze Richtung und Beschäftigung der Israeliten in den unteren Volksschichten ist eine volksverderbliche, und dieser muß durch weise Maßregeln des Staates […] abgeholfen werden.“[4]

Für Juden, so Mohl, müssten weiterhin Sondergesetze gelten. Das heißt, für Juden sollte in der deutschen Bevölkerung, die aus Protestanten, Katholiken sowie Juden, aber auch aus Menschen mit anderen Religionsbekenntnissen und zunehmend aus Konfessionslosen bestand, keine Gleichheit vor dem Gesetz bestehen.

Als Reaktion auf den völkisch motivierten Antrag Mohls sprang Gabriel Riesser auf und hielt eine spontane Gegenrede, in der er begründete, warum unbedingt dem Grundrecht gleichen Rechts für alle zuzustimmen sei. Es gebe sonst keine Gleichheit vor dem Gesetz und damit eine Fortsetzung der Judenverfolgungen:

„Ich nehme das Recht in Anspruch, vor Ihnen aufzutreten im Namen einer seit Jahrtausenden unterdrückten Klasse, der ich angehöre durch Geburt, und der ich ferner angehöre durch das Princip der Ehre, das es mich verschmähen lassen, durch einen Religionswechsel schnöde versagte Rechte zu erwerben. Der geehrte Vorredner hat seinen Antrag in einer Unwahrheit gefaßt. Er will nämlich den israelitischen Volksstamm durch Ausnahme-

4 *Zitat aus Moritz Mohls Rede in Franz Wigard (Hg.), „Stenographfischer Bericht über die Verhandlungen der deutschen constituierenden Nationalversammlung“, Bd. 3, Frankfurt/M 1848, S. 1754–55. Siehe auch zu Mohls Rolle in der Debatte über die Judenemanzipation Jörg Westermayer, „Politik als Beruf. Der Parlamentarier Moritz Mohl (1802–1888)“, Düsseldorf 1998, S. 107–117.*

> gesetze von dem für Alle gleichen Rechte ausgeschlossen haben. […] Es ist Ihnen vorgeschlagen, einen Theil des deutschen Volkes der Intoleranz, dem Hasse zum Opfer hinzuwerfen; das werden Sie nimmer thun, meine Herren! […] Vertrauen Sie der Macht des Rechts, der Macht des einheitlichen Gesetzes."[5]

Während Mohls Rede von ablehnenden Zwischenrufen unterbrochen wurde („Schluss!"), ertönten „Bravo!"-Rufe zu Riessers Rede. Die große Mehrheit der Abgeordneten folgte Gabriel Riesser. Von 95 stimmten 64 für die Gleichberechtigung und gegen Sondergesetze für die jüdische Bevölkerung Deutschlands. Riesser wurde aufgrund dieser Rede zum Vize-Parlamentspräsidenten gewählt. Man muss es betonen: Ein gesamtdeutsches Parlament wählte einen jüdischen Abgeordneten, der selbstbewusst für seine Rechte als Jude eintrat, zu seinem Vizepräsidenten.

Das Recht auf Religionsfreiheit wurde in einem Kontext beschlossen, in dem antisemitisch begründete Vorstellungen großen Einfluss auf wirtschaftlichen und sozialen Aufstieg hatten. Die jüdische Bevölkerung war im 19. Jahrhundert noch eklatanten sozialen und wirtschaftlichen Benachteiligungen ausgesetzt. Es ist sehr aufschlussreich, dass Riesser in seiner Rede die Juden als „Klasse" bezeichnete und damit treffend den wirtschaftlichen Status benannte, der ihnen aufoktroyiert wurde. Juden waren nur bestimmte Berufsfelder erlaubt; sie genossen kein Recht, sich an einem Ort ihrer Wahl niederzulassen und ein Gewerbe ihrer Wahl auszuüben; vielmehr war die Zahl der Juden an einem Ort begrenzt, was viele junge jüdische Menschen dazu zwang, nach der Heirat ihren angestammten Ort zu verlassen, um andernorts, wo sie eine

5 *Zitat aus Gabriel Riessers Rede in Franz Wigard (Hg.), ebd., S. 1755–57. Über die Debatte siehe auch „Gabriel Riesser zwischen 1830 und 1848: Die Rechtsgleichheit für die Juden als Grundlage einer gerechten Gesellschaft", in „Gabriel Riesser, Ausgewählte Werke", hg. v. Uri R. Kaufmann/Jobst Paul, Reihe „Deutsch-Jüdische Autoren des 19. Jahrhunderts, Schriften zu Staat, Nation, Gesellschaft", Wien/Köln/Weimar 2012, S. 22–23.*

Niederlassungserlaubnis erhalten würden, die wiederum zeitlich begrenzt war, eine Familie beziehungsweise eine berufliche Existenz zu gründen. Besonders belastend: Juden mussten zusätzlich zu den bestehenden Steuern eine besondere Kopfsteuer, den sogenannten Schutz, zahlen. Das berühmte Beispiel Mayer Amschel Rothschilds, der seine Söhne in verschiedene europäische Städte schickte, um dort die väterlichen Geldgeschäfte zu tätigen, was sich zur internationalen Rothschild Bank entwickelte, entsprang nicht nur einer klugen Strategie, sondern mindestens genauso dem gegebenen Zwang, die Söhne zu anderen Orten gehen lassen zu müssen.

De facto ging es in dem Artikel 146 der Paulskirchenverfassung insbesondere um eine politische Systemfrage, von der auch viele nichtjüdische Deutsche profitieren würden. Die rechtliche Gleichstellung bedeutete viel mehr, als dass Juden nunmehr freie Berufswahl unabhängig von ihrem religiösen Bekenntnis genossen. An den „Genuß der bürgerlichen und staatsbürgerlichen Rechte" knüpften sich Rechte, die unmittelbar mit der persönlichen wirtschaftlichen Situation aller zu tun hatten: Das waren die Gewerbefreiheit, die Niederlassungsfreiheit, die freie Wahl des Wohnortes und die Befreiung von Sondersteuern. Auch wenn die jüdische Bevölkerung, weil sie durch jahrhundertealten Antijudaismus am sichtbarsten diskriminiert wurde, am meisten von dem Recht auf Religionsfreiheit profitieren würde und es kein Zufall war, dass ein jüdischer Abgeordneter für die Religionsfreiheit eintrat –, ging es nicht nur um die Ausübung der Religion selbst! Es ging genauso um die Freiheit der Menschen. Sie konnten sich in Form von gesellschaftlicher Teilhabe entfalten, was ihnen einen sozialen Aufstieg ermöglichte und es entwickelte sich ein Verständnis von Menschenwürde bezogen auf gleiche Rechte und Pflichten. Katholiken und Protestanten, die in bestimmten Regionen jeweils die Minderheit bildeten, litten ebenfalls unter den noch vom Ständestaat gebildeten, in der Bevölkerung fixierten sozialen und beruflichen Klassen. In Artikel 146 manifestierte sich das endgültige Ende des Ständestaates.[6]

Dass sich die Rechtsgleichheit für alle Bürger an der sozialen Rolle der Juden entzündete, hat aber auch mit der religiöspolitischen Tradition des Judentums zu tun, die Riesser verkörperte. Seit jeher symbolisiert das Judentum den Aufbruch in die Freiheit. Ob in England, den Niederlanden oder in Amerika war der Kampf für eine Verfassung, die sich in den allgemeinen Menschenrechten begründete, längst mit dem biblischen Israel identifiziert, das den Weg aus der Sklaverei unter dem Pharao in die Freiheit gegangen war.[7] „Ein- und dasselbe Gesetz – ob für den Israeliten oder für den Fremden", heißt es in der am Sinai als Verfassung verstandenen Tora.[8]

In der Kontroverse um Religionsfreiheit von 1848 drückte Gabriel Riesser als Jude aus, was zu der religiösen Tradition gehört, zu der er sich bekannte, und was diese politisch für die anderen bedeutete: Der Aufbruch in eine „Willensnation", in der alle dieselben Rechte und Pflichten teilen – und die geradezu von selbst zu mehr Gerechtigkeit und Wohlstand führen wird. Das ist einer der jüdischen Anteile an der gesellschaftspolitischen Entwicklung, die im Zuge des Paulskirchenparlaments die Demokratiegeschichte Deutschlands

6 *Riesser sah die Herausbildung eines jüdischen Mittelstands als eine klare Voraussetzung für Emanzipation (S. 72), verwies aber auch auf die wirtschaftliche Konkurrenz, die andere Bevölkerungsgruppen gegen die Juden empfinden würden (S. 80), in „Über die Stellung", 2. Auflage, Altona 1831. Rudolf Schay ist einer der wenigen, der den wirtschaftspolitischen Zusammenhang sieht, den die Emanzipation der Juden nicht nur für sie selbst, sondern für die Gesellschaft insgesamt bedeutete. Gegen den gesellschaftlichen Aufbruch, den das Paulskirchenparlament manifestierte, plante das Regime von Friedrich Wilhelm IV. die Rückkehr in „eine mittelalterlich-ständische Gliederung" des Staatswesens. Den Juden solle darin eine Art von nationaler Autonomie eingeräumt werden; „sie sollten weitgehende Selbständigkeit in der Regelung der Fragen ihres Gemeinschaftslebens genießen, aber von der christlichen Gesellschaft möglichst getrennt werden." Rudolf Schay, „Juden in der deutschen Politik", Berlin 1929, S. 162.*

7 *Eric Nelson, „The Hebrew Republic. Jewish Sources and the Transformation of European Political Thought", Cambridge 2010.*

8 *Ex. 12, 49; Lev. 24, 22; Num. 9, 14–16.*

mitgeprägt hat. „Die Gleichheit des Rechts“, so hatte Riesser bereits in einem Aufsatz 1833 mit religiöser Emphase geschrieben, „ist das große Wunder unserer Zeit und die Rechtsliebe ist ihr Wunderglaube“[9].

Die Paulskirchenverfassung in ihrer endgültigen Verabschiedung am 27. März 1849 bildete mit den Grundrechten die gedankliche und teilweise wortgleiche Grundlage für die Verfassungen der Weimarer Republik und später der Bundesrepublik Deutschland. Auch wenn die rechtliche Wirksamkeit der Paulskirchenverfassung durch preußische Militärgewalt verhindert wurde, hat vor allem der Grundrechtekatalog in der Demokratiegeschichte Deutschlands enorm nachgewirkt. Es waren der jüdische SPD-Abgeordnete Hugo Sinzheimer und der Frankfurter SPD-Abgeordnete Max Quarck, die den Absatz zur Gleichstellung unabhängig von der Religionszugehörigkeit als Kern der Religionsfreiheit aus der Paulskirchenverfassung fast wortgleich im Jahr 1919 in die Weimarer Verfassung übertrugen.

Nochmal der Wortlaut in der Paulskirchenverfassung:

> „Durch das religiöse Bekenntniß wird der Genuß der bürgerlichen und staatsbürgerlichen Rechte weder bedingt noch beschränkt.“[10]

Die Weimarer Verfassung bestätigte den Passus mehr oder weniger gleichlautend:

> „Der Genuß bürgerlicher und staatsbürgerlicher Rechte sowie die Zulassung zu öffentlichen Ämtern sind unabhängig von dem religiösen Bekenntnis.“[11]

1919 entsprach die erste demokratisch gewählte Nationalversammlung mit dem Artikel 136 in der Weimarer Verfassung konsequent dem rechtsstaatlichen Prinzip der Gleichheit vor dem Gesetz, das 70 Jahre zuvor von den Abgeordneten in der

9 Aus Gabriel Riesser, „Bemerkungen zu den Verhandlungen der badischen Ständeversammlung über die Emanzipation der Juden im Jahre 1833“, zitiert nach Rudolf Schay, S. 159.

10 Art. 146, Verfassung von 1849.

11 Art. 136, Verfassung von 1919.

Paulskirchenverfassung als Grundrecht festgelegt worden war. Das Ende der Unterdrückung der jüdischen Bevölkerung, zumindest auf dem Papier, war somit schon 1849 eng mit der Auseinandersetzung um den demokratischen Rechtsstaat in Deutschland verbunden. Es ging weniger um eine inhaltliche Frage des „Glaubens“ als vielmehr um die Existenz einer anders glaubenden Minderheit. Demokratie ist eben nicht nur eine Mehrheitsentscheidung über eine Minderheit, es ist eine Mehrheitsentscheidung im Rahmen des Schutzes der Minderheit, hier durch die Religionsfreiheit garantiert. Beim Recht auf Religionsfreiheit handelt es sich jedoch nicht nur um den Schutz der religiösen Minderheit vor Diskriminierung und Verfolgung, sondern um ein zentrales demokratisches Grundrecht: Es geht nicht um „Toleranz“, vielmehr geht es um das Recht aktiver Teilhabe und politischer Mitgestaltung. Das verstehen manche bis heute nicht, die gerne von „Toleranz“ sprechen, und damit von einer „Gnade“ im Sinne eines Verzichts auf Verfolgung und Unterdrückung. Das Recht ist keine Gnade, keine freundliche Willkür. Es gibt vielmehr den Raum, sozial und wirtschaftlich einen eigenen Status zu erlangen.

Es war darum nicht irgendeine Minderheit, die die Nazis in Europa versuchten, auszulöschen, sondern die Angehörigen einer religiösen beziehungsweise einer geistigen Tradition, zu deren Credo die Gleichheit vor dem Gesetz gehört. Und die mit dem religiösen Ausgangspunkt des Exodus aus der Unfreiheit an die Möglichkeit sozialen Aufstiegs glaubt. Entsprechend wurde bei der Wiederherstellung der Demokratie die Formulierung der Paulskirchen- und später der Weimarer Verfassung fast wortgleich ins Grundgesetz von 1949 übernommen:

> „Der Genuß bürgerlicher und staatsbürgerlicher Rechte, die Zulassung zu öffentlichen Ämtern sowie die im öffentlichen Dienst

erworbenen Rechte sind unabhängig von dem religiösen Bekenntnis."[12]

GABRIEL RIESSER UND DER RABBINISCHE HINTERGRUND

Kurz nach der Kontroverse wurde Gabriel Riesser 1848 in den Verfassungsausschuss und dann zum Vizepräsidenten der Nationalversammlung gewählt und später wiedergewählt. Er gehört zu jenen wenigen selbstbewussten jüdischen Abgeordneten, die Juden geblieben waren, das heißt, die es für sich abgelehnt hatten, aus beruflichen Gründen beziehungsweise unter dem gesellschaftlichen Assimilationsdruck zum Christentum überzutreten.[13]

Man mache sich klar, dass Riesser zu diesem Zeitpunkt noch deutlich unter den unmittelbar für Juden geltenden Diskriminierungen zu leiden hatte. Obwohl er ein offenkundig hochbegabter Jurist war, der mit summa cum laude promoviert war, durfte er wegen seiner jüdischen Herkunft seinen Beruf nicht ausüben. Erst Jahre später, am 7. Oktober 1860, ernannte ihn der Hamburger Senat zum Richter, was ihn zum ersten jüdischen Richter Deutschlands machte.

Inwiefern spiegelt die Persönlichkeit Riessers den jüdischen Anteil an der Demokratiegeschichte Deutschlands?

Gabriel Riesser wurde am 3. April 1806 in Hamburg während der französischen Besatzung geboren. Kraft des napoleonischen „Code Civil" wurden dort die meisten der diskriminierenden Gesetze aufgehoben. Zuvor galten auch in

12 *Art. 33, Grundgesetz von 1949.*

13 *Andere waren Friedrich Wilhelm Levysohn, Moritz Veit und natürlich Johann Jacoby (Nachrücker 1849). Es lässt sich heute nicht mehr genau ermitteln, wie viele jüdische Männer Abgeordnete der Frankfurter Nationalversammlung waren. Ludger Heid spricht von 15 Männern jüdischer Herkunft, darunter waren jedoch mehrere, die wie Eduard von Simson bereits von den Eltern getauft worden waren (S. 69).*

Hamburg harte Beschränkungen. Lange durften Juden nicht in der Hansestadt wohnen, sondern nur geschäftlich dort tätig sein. Als sie dann doch gegen eine heftige Steuer eine Wohnerlaubnis erhielten, durften sie keine Synagoge bauen, sondern nur in privaten Räumen Gottesdienste abhalten. Einen jüdischen Friedhof durfte es ebenfalls nicht auf Hamburger Gebiet geben. Demgegenüber hatte sich in dem neben Hamburg gelegenen, unter dänischer Herrschaft stehenden Altona ein für Deutschland ungekanntes freies jüdisches Leben entwickeln können. Dort befanden sich eine öffentlich sichtbare Synagoge sowie das für Altona, Wandsbek und Hamburg zuständige Rabbinatsgericht (Bet Din). Das Altonaer Bet Din galt in dieser Zeit als eine Hochburg jüdischer Gelehrsamkeit. Gabriel Riessers Großvater mütterlicherseits bekleidete bis 1799 das Amt des Oberrabbiners beziehungsweise des rabbinischen Ober*richters*.[14] Mit der Aufhebung der Beschränkungen durch die Franzosen wuchs die jüdische Einwohnerzahl Hamburgs auf rund 6 300 heran und bildete damit die größte jüdische Gemeinde in Deutschland, gefolgt von den jüdischen Gemeinden in Frankfurt, Mannheim und Fürth. Berlin als Stadt hatte noch nicht die Bedeutung, die es Jahrzehnte später im Zuge der Industrialisierung erlangen würde. Gleichwohl wirkte dort Moses Mendelssohn (1729–1786), jüdischer Philosoph der Aufklärung, der publizistisch im selben Umfeld wie Immanuel Kant auftrat und entscheidende Schriften zur religiösen Begründung für die Emanzipation der Juden verfasste. In seinem Buch *Jerusalem oder über religiöse Macht und Judentum* (1783) entfalte Mendelssohn das Gebot der rechtlichen Gleichstellung aus der jüdischen Religion, ja, aus der Tora, die

14 *Bis heute sehen viele Jüdinnen und Juden das Judentum weniger als eine Glaubensreligion, sondern als eine religiös motivierte Rechtstradition auf der Grundlage der Gesetze der Tora und des Talmuds. Hiermit verbunden sind Rabbinatsgerichte, in denen Rabbiner als Richter halachische, das heißt religionsgesetzliche Entscheidungen treffen. Im modernen, säkularen Rechtsstaat sind die Entscheidungen allein auf innerreligiöse Angelegenheiten beschränkt worden, vor allem jüdische Statusfragen.*

er nicht als „Glaube“ verstand, sondern als Gebote der Vernunft. Mendelssohns Rolle in Berlin darf jedoch nicht darüber hinwegtäuschen, dass zu Beginn des 19. Jahrhunderts als Folge der Pogrome im Mittelalter, die mit der Vertreibung der jüdischen Bevölkerung aus den großen Städten einhergingen, die meisten Jüdinnen und Juden noch auf dem Land oder in kleinen Städten lebten.

Mit dem Abzug der Franzosen aus Hamburg wurden dort die Bestimmungen zur rechtlichen Gleichstellung der Juden wieder zurückgenommen. So setzte 1814 der Hamburger Senat das diskriminierende „Judenreglement“ von 1710 erneut in Kraft. Dennoch ließ sich der Geist der Emanzipation nicht mehr vollständig zurückdrängen.

Die Erinnerung an die bessere Rechtssituation unter den Franzosen dürfte für Riessers Familie prägend gewesen sein. Biographisch gesehen muss man seinen politischen Beitrag für die Paulskirchenverfassung als Frucht eines Zusammenspiels von allmählicher jüdischer Emanzipation und gesellschaftlicher Modernisierung verstehen. Hierzu gehörte auch eine religiöse Modernisierung im Judentum. Ebenfalls in diesem Zusammenspiel war das liberal eingestellte Reformjudentum entstanden. Letzteres hatte seinen Ausgang in dem für Napoleons Bruder Jérôme Bonaparte geschaffenen Königreich Kassel-Westphalen. In der Kleinstadt Seesen bei Braunschweig, das damals im Königreich Kassel-Westphalen lag, gründete der dortige Rabbiner Israel Jacobson (1768–1828) die erste jüdische Freischule. An dieser erhielten jüdische Knaben weltliche Bildung anstelle der bisher üblichen Bildung im jüdischen *Cheder* (Basisunterricht für Kinder), wo das Lesen religiöser Texte im Vordergrund stand. Die neue Reformschule nahm auch christliche Jungen auf, um die bisherige strikte Trennung nach Religion in der deutschen Gesellschaft aufzulösen. 1810 weihte Jacobson auf demselben Gelände die erste Reformsynagoge ein. Seine Gottesdienste waren in einem modernen jüdischen Ritus gehalten, mit Orgelbegleitung und –

damals ein großer Schritt – einer Predigt auf Deutsch. Es war der Anfang des sich nunmehr in Deutschland ausbreitenden Reformjudentums. Das Königreich Kassel-Westphalen war der erste deutschsprachige Staat, in dem die vollumfängliche bürgerliche Gleichberechtigung der Juden besiegelt wurde. Alle Sonderbeschränkungen wurden auf Anweisung direkt aus Paris in der Verfassung sowie in einer Verordnung aufgehoben und auch administrativ vom Polizeiminister durchgesetzt. Die Verfassung machte Juden gleichberechtigt. Artikel 10 besagte: „Das Königreich soll durch Constitutionen regiert werden, welche die Gleichheit aller Unterthanen vor dem Gesetze, und ihre freye Ausübung des Gottesdienstes der verschiedenen Religions-Gesellschaften festsetzen." Konkreter wurde es mit dem Emanzipationsdekret vom 27. Januar 1808: „Art. 1: Unsere Unterthanen, welche der Mosaischen Religion zugethan sind, sollen in Unseren Staaten dieselben Rechte und Freiheiten genießen, wie Unsere übrigen Unterthanen. [...] Art. 3: Diesem zufolge sind alle Auflagen und Abgaben, welche alleine von den Juden zu entrichten sind [...] hiermit gänzlich aufgehoben. Es wird demnach allen Edelleuten, Lehnsherren, und anderen Gutsbesitzern, die unserer Hoheit unterworfen sind, verboten, diese Abgaben ferner zu erheben [...] widrigenfalls sie vollständige Schadenshaltung leisten [...] Art. 4: Sie können, ohne, wie vormals, einer besonderen Erlaubniß zu bedürfen, sich verheiraten, für die Erziehung und die häusliche Niederlassung ihrer Kinder sorgen, ihnen ihre Güter abtreten, jedoch unter der Verpflichtung, bei diesen verschiedenen Handlungen nach den Vorschriften des Gesetzbuches Napoleons zu richten." Es wurde auch die völlige Freizügigkeit gegeben, sich „in jeder Stadt, oder an jedem anderen beliebigen Orte sich nieder zu lassen." Damit war die wohl qualvollste antijüdische Maßnahme aufgehoben: die Beschränkung der Anzahl von Juden an einem Ort auf eine bestimmte Zahl trotz des starken Bevölkerungswachstums der

Allgemeinheit ebenso wie der Juden seit Ende des Dreißigjährigen Krieges.

Jacobson hatte ein gutes Verhältnis zu Jérôme Bonaparte und nutzte die Beziehung, um die Chancen, die sich der jüdischen Bevölkerung auftaten, zu ergreifen. Er wollte das Bildungsniveau in den jüdischen Gemeinden heben und die jüdische Religion modernisieren. Nicht lange danach zog er in die neue Hauptstadt Kassel, wo er nunmehr als Präsident des nach französischem Vorbild gegründeten jüdischen Konsistoriums neben der Gründung einer weiteren modernen Synagoge auch die Errichtung eines jüdischen Lehrerseminars förderte.

Wie wirkte sich das französische Kapitel in der deutschen Geschichte rechtlich gesehen auf die innerjüdische Entwicklung aus? Mit „rechtlich" sind in diesem Fall nicht nur die von außen auferlegte napoleonische Gleichberechtigung und ihre Folgen gemeint, sondern innerjüdisch die für das Judentum bis dahin bestehende jüdische Rechtstradition, die *Halacha*. Und wie spielte das in Riessers politisches Engagement hinein?

Bis dahin verknüpfte sich die gesellschaftliche Isolation der jüdischen Bevölkerung mit einer relativen innergemeindlichen Eigenständigkeit. Jüdische Gemeinden genossen – nicht nur in Deutschland, sondern in Europa insgesamt – eine bedingte, rechtliche Autonomie. Sie unterhielten eigene Rabbinatsgerichte, in denen die Rabbiner als Richter urteilten. Sie verfügten über Strafmittel, um die *Halacha*, die jüdischen Gesetze, durchzusetzen. Hierzu gehörte insbesondere das Mittel, renitente Gemeindemitglieder auszuschließen, indem ein *Cherem*, ein Bann, über sie verhängt werden konnte. Das berühmteste Beispiel eines solchen Banns war der über den Philosophen der Aufklärung, Baruch Spinoza, 1656 verfügte Ausschluss aus der jüdischen Gemeinde in Amsterdam. Wer Opfer eines solchen Bannes wurde, musste gezwungenermaßen die jeweilige Stadt verlassen, da er seinen Status, das heißt den „Schutz“ als Jude und infolgedessen das Wohnrecht verloren hatte. Die Folgen des Banns waren somit sehr hart. Mit dem Wohnsitz ging auch die berufliche Tätigkeit verloren. Das alles unterstreicht zugleich die starke Geltung der jüdischen Rechtstradition, der *Halacha*, die Rabbiner aus der Tora ableiteten, die sie im Talmud sowie einem unermesslichen Bestand an halachischen Rechtskodizes und -gutachten weiterentwickelt hatten. Rabbinische Gelehrsamkeit in Europa, insbesondere jüdische Rechtsgelehrsamkeit, verstand sich als fortgesetzte Ausübung göttlichen Rechts mit alltagstauglicher, konkreter Anwendung und hatte ihre Wirksamkeit kraft der bis dahin bestehenden jüdischen Autonomie.

Im Zuge der Französischen Revolution geriet die Macht des Rabbinats jedoch unter enormen Druck. Der Preis für die Emanzipation war der Verlust der Autonomie. Mit der rechtlichen Gleichstellung zunächst der französischen Juden und nach und nach aller europäischen Juden wurde die rechtliche Geltung der *Halacha* als zwingendes Gesetz aufgehoben. Das verlief nicht ohne Widerstand der Rabbiner.[15] Ein großer Teil von ihnen war nicht bereit, die bisherige Machtstellung für „bürgerliche“ Rechte aufzugeben. Selbstverständlich manifestierte sich in der Kontroverse auch ein Generationenkonflikt. Die jüngere jüdische Generation bejahte die modernen Ideen, die Möglichkeiten der individuellen Freiheiten und die damit verknüpften Rechte. Zu ihnen gehörte Rabbiner Israel Jacobson, der im Königreich Kassel-Westphalen tätig war. Er schuf das Profil des modernen Rabbiners. Demzufolge sollte sich der Rabbiner weniger als Richter und Gesetzeslehrer verstehen, der als Repräsentant seiner Gemeinde juristische Macht ausübte, um die Geltung der *Halacha* durchzusetzen, sondern vielmehr als Lehrer, der die von der Tora her gegebenen ethischen Weisungen so vermittelte, dass die jüdi-

15 *Simon Schwarzfuchs, „A Concise History of the Rabbinate“, Oxford 1993.*

sche Bevölkerung ihr Judentum zum Wohle der ganzen Gesellschaft einbringen würde.

Die neuen Vorstellungen wurden von der Mehrheit der jüdischen Bevölkerung mitgetragen. Grundlage war das althergebrachte talmudische Prinzip *Dina de-Malchuta Dina* („Das Gesetz des Landes ist das Gesetz"), das sich bereits für die französischen Juden als geeignet erwiesen hatte, den säkularen Rechtsstaat rabbinisch zu untermauern.[16] *Dina de-Malchuta Dina* war ein im 3. Jahrhundert vom rabbinischen Rechtsgelehrten Samuel im Talmud mehrfach bekräftigtes Prinzip, wonach die jüdische Bevölkerung in der Diaspora, damals im sassanidischen Perserreich, die Gesetze des Staates anerkennt. Ausnahme bildeten nur bestimmte Personenstandsgesetze, vor allem das Ehe- und Scheidungsrecht, das weiterhin nach der *Halacha* gelten sollte. Das Prinzip *Dina de-Malchuta Dina* ermöglichte über mehr als zwanzig Jahrhunderte jüdisches Leben in der Diaspora.

Im Zuge der Französischen Revolution und der Neuverortung der jüdischen Religion in die staatlichen Strukturen durch die Schaffung eines jüdischen Konsistoriums erhielt das Prinzip *Dina de-Malchuta Dina* neue Geltung.[17] Damit war die jüdische Rechtstradition jedoch nicht aufgehoben. Indem die jüdische Bevölkerung in Frankreich oder Deutschland den Primat der allgemeinen Gesetzgebung durch den Staat akzeptierte und die *Halacha* für sie nur noch eine freiwillige religiöse Bindung bedeutete, übertrug sie ihre bisherigen innerjüdischen Rechtsauffassungen zu einem großen Teil auf den Staat als den allgemeinen Träger des Rechts – wobei die ethi-

16 *Elisa Klapheck (Hg.), „Dina de-Malchuta Dina – oder: Gott braucht den säkularen Rechtsstaat", Machloket, Bd. 5, Leipzig 2020; darin Elisa Klapheck, „Das Gesetz des Staates ist das Gesetz – ein talmudisches Diktum"; Abraham de Wolf, „Der jüdische Horizont der Religionsfreiheit in Deutschland"; Gespräch mit Barbara Traub, „Religionsfreiheit und institutionelle Wirklichkeiten", Berlin 2020.*

17 *Gil Graff, „Separation of Church and State: Dina de-Malkhuta Dina in Jewish Law", Alabama 1985.*

schen Inhalte der Rechtstradition in Form von religiösen und politischen Überzeugungen in der jüdischen Religion weiterlebten.[18] Man muss es als eine neue Aufteilung sehen. Eine jahrhundertealte, religiös motivierte Rechtstradition, die ihre Grundlage in der Tora, im Talmud, in den *halachischen* Werken hatte, sortierte sich neu. Ihre guten Potentiale sollten sich auf den jeweiligen Staat, in dem Juden lebten, projizieren. Die Juden gestalteten als deutsche Bürger die deutsche Gesellschaft mit, brachten das jüdisch-religiöse Rechtsbewusstsein in die Reformen des deutschen Rechtswesens ein. Die ethischen Gehalte der jüdischen Rechtstradition fanden sich nunmehr als eine selbständige Kraft in der Weitergestaltung der jüdischen Religion wieder.[19]

Gabriel Riessers Familie war unmittelbar in die innerjüdische Kontroverse um die Macht des Rabbinats verwickelt. So trat Riessers Großvater mütterlicherseits, Raphael Cohen, Oberrabbiner von Altona, als entschiedener Gegner von Moses Mendelssohn auf.[20] Mendelssohn ermunterte die deutschen Juden, die geistige Isolation hinter sich zu lassen. Er übersetzte die Tora ins Hochdeutsche, was dazu betrug, dass Juden die jiddische Sprache nach und nach aufgaben und Deutsch als Alltagssprache wählten. Demgegenüber war Cohen, der nur Jiddisch und kein Deutsch sprach, berüchtigt für seine strikte Ablehnung der modernen Kultur. Er ging unter anderem mit Geldbußen gegen Gemeindemitglieder vor, die modisch

18 *Die Rabbinatsgerichte (Bet Din) funktionierten weiterhin häufiger in gesellschaftlichen Angelegenheiten als Schiedsgericht (etwa bei der Durchsetzung von vertraglichen Verbindlichkeiten im Geschäftsleben, Rechte der Verkäufer, der Handwerker, Kunden usw.). Wenn auf beiden Seiten Juden involviert waren, bevorzugten Juden weiterhin auf der Suche nach Gerechtigkeit ein jüdisches Gericht. Auch auf dem Gebiet des Personenstands wurde noch das Rabbinatsgericht bevorzugt.*

19 *Diese Auffassung wird der jüdische Philosoph und Mitbegründer des Neukantianismus, Hermann Cohen (1842–1918), später in seinen Schriften untermauern. Siehe z. B. Hermann Cohen, „Deutschtum und Judentum“ (1915); erneut in „Deutschtum und Judentum. Ein Disput unter Juden aus Deutschland“, hg. v. Christoph Schulte, Stuttgart 1993, S. 50.*

20 *Arno Herzig, „Gabriel Riesser“, Hamburg 2008, S. 13–14.*

gekleidet zum Gottesdienst in der Synagoge erschienen. Vermutlich lehnte er auch eine ihm angebotene Stelle als Oberrabbiner Berlins aus dem Grund ab, nicht in derselben Stadt wie Moses Mendelssohn leben zu müssen. Als die dänischen Behörden in Altona jedoch in einem innerjüdischen Streit, bei dem es um das Recht des Rabbiners ging, den Bann über ein Gemeindemitglied zu verhängen, die Position Mendelssohns unterstützten, trat Oberrabbiner Cohen von seinem Amt zurück. Mendelssohn lehnte den Bann als Herrschaftsmittel grundsätzlich mit der Begründung ab, dass er taktisch genutzt werde, um neues jüdisches Denken zu verbieten und reformorientierte Gemeindemitglieder einzuschüchtern. Cohen wollte vor seinem Tod nach Jerusalem reisen, um dort begraben zu werden. Das gelang ihm jedoch nicht mehr. Sein Grab in Altona auf dem jüdischen Friedhof in der Kaiserstraße besteht noch heute.

Der Altonaer Fall ist in religiös-politischer Hinsicht interessant, da es um die Ausweisung eines Sabbatianers ging. Sabbatianer waren Anhänger von Sabbatai Zwi, dem selbst erklärten jüdischen Messias des 17. Jahrhunderts. Zwar wird dieser in der jüdischen Geschichtsschreibung als ein antinomistischer Häretiker betrachtet, doch hatte er als jüdischer Mystiker – lange, bevor es das Reformjudentum gab – libertäre Vorstellungen von einer innerjüdischen Befreiung verbreitet, die weiten Anklang fanden. Den geistigen Rahmen hierfür bot die *Kabbala*, die jüdische Mystik. Sabbatianer waren davon überzeugt, dass eine Rückkehr ins Land Israel unmittelbar bevorstehe. Glückel von Hameln (1646–1724), die berühmteste jüdische Einwohnerin von Altona, beschrieb in ihren Memoiren die starke Präsenz von Sabbatianern in der Altonaer jüdischen Gemeinde.[21] Sicherlich ist der Bann,

21 *Glikl bas Judah Leib, „Die Memoiren der Glückel von Hameln", Übersetzung aus dem Jiddischen (1910) von Bertha Pappenheim, Neuausgabe mit einem Vorwort von Viola Roggenkamp, Weinheim/Basel 2005.*

den Riessers Großvater, Oberrabbiner Cohen, über einen Sabbatianer in Altona verhängen wollte, als Maßnahme gegen das libertäre Denken dieser Bewegung zu verstehen und als demonstrativer Machtanspruch des traditionellen Rabbinats. Indem er sich als Gegner des Sabbatianismus zeigte und zugleich auf das Recht, den Bann auszusprechen, beharrte, erwies er sich als Repräsentant einer innerjüdischen Reaktion gegen die Folgen der Emanzipation.

Typischerweise wurde in Rabbinerfamilien untereinander geheiratet, was auch in Gabriel Riessers Familie der Fall war. Sein Großvater väterlicherseits trug den Nachnamen Katzenellenbogen und arbeitete als Rabbiner in der Kleinstadt Oettingen im bayerischen Ries, einem Ort zwischen der Schwäbischen und der Fränkischen Alb. In dieser ländlichen Grafschaft hatte sich ein beachtliches jüdisches Zentrum mit einer Talmudschule und einer Synagoge gebildet. Einer Zählung im Jahr 1837 zufolge waren 14 von 100 Einwohnern Juden. Zusätzlich zur sonstigen Steuerlast bestand für sie eine besondere „Synagogensteuer“. Riessers Vater wurde dort als Elieser Lazarus Katzenellenbogen geboren. Erst, nachdem er nach Altona gezogen war, gab er sich den Nachnamen Riesser.[22]

Zunächst schien es so, als würde Lazarus in die Fußstapfen seiner Väter treten. Alles deutete auf eine rabbinische Karriere hin. Sowohl sein Vater als auch sein Großvater waren Rabbiner und namhafte Talmudgelehrte. Der rabbinische Familienhintergrund ermöglichte ihm, beim Oberrabbiner Cohen in Altona zu studieren. Er heiratete dessen Tochter Fanny und

22 *Der Grund ist nirgends niedergeschrieben, aber vermutlich wollte Lazarus Katzenellenbogen sich keine Verwandtschaft mit dem Vor-Vorgänger von Raphael Cohen von den dänischen Behörden oder der Gemeinde unterstellen lassen. Dieser Vor-Vorgänger, Rabbiner Ezekiel Katzenelbogen hatte jahrelang großen Streit mit Teilen der Gemeinde. Ezekiel Katzenelbogen war nicht mit Lazarus Katzenellenbogen verwandt, entstammte aber ebenfalls einer alten Rabbinerfamilie, allerdings aus Litauen und Polen.*

erhielt die Stelle des Sekretärs beim Bet Din, dem Rabbinatsgericht. Trotzdem wurde Lazarus, Gabriel Riessers Vater, kein Rabbiner. Nachdem Oberrabbiner Cohen zurückgetreten war und damit auch Lazarus Riesser seine Stelle als ihm unterstellter Rabbinatssekretär aufgeben musste, zog er mit seiner Frau und den inzwischen vier Kindern nach Hamburg. Es gelang ihm über ein paar Jahre hinweg, sich durch Lotterie- und Geldwechselgeschäfte zu finanzieren. Irgendwann war sein Vermögen so groß, dass er zunehmend seinen literarischen Interessen nachgehen konnte. Anders als noch unter seinem konservativen Schwiegervater konnte er jetzt auch seine eigenen Ideen artikulieren. Lazarus Riesser entpuppte sich zunehmend als Anhänger von Moses Mendelssohn und als aktiver Reformjude! Er machte sich einen Namen als Schriftsteller, der Texte über den großen jüdischen Religionsphilosophen Mendelssohn sowie über den Dichter Jean Paul auf Deutsch und Hebräisch verfasste. Einer seiner begeisterten Leser war der angehende Reformrabbiner Abraham Geiger (1810–1874), wie dieser später in einem Brief an Gabriel Riesser betonte.[23] Lazarus Riesser war 1817 auch ein Mitgründer des *Israelitischen Tempelverbandes*, die älteste und damals größte jüdische Reformgemeinde Deutschlands.[24] Darin übernahm er die Leitung des Armenwesens. Lazarus stand seit Jahren in engem Austausch mit Rabbiner Israel Jacobson, dem Gründer des Reformjudentums. Er setzte viele seiner Vorstellungen durch, etwa, dass auf Deutsch gepredigt wurde, eines der Hauptanliegen des Reformjudentums, und vertrat innerhalb der Gemeinde das Bildungsprogramm der Aufklärung. Zugleich legte er Wert darauf, dass die innerjüdischen Reformen langsam ohne den für Jacobson typischen Druck gegenüber konservativ eingestellten Gemeindemitgliedern umgesetzt werden.

23 *Arno Herzig, „Gabriel Riesser", Hamburg 2008, S 18.*

24 *Helga Krohn, „Dem Streiter für Recht und Freiheit". Gabriel Riesser zum 200. Geburtstag, S. 7.*

In diesem Umfeld, als Enkel von zwei großen Rabbinern und Sohn eines im Reformjudentum engagierten Vaters, wuchs Gabriel Riesser auf. Am 2. April 1806 wurde er in Hamburg als fünftes Kind geboren und erfuhr eine außergewöhnliche schulische Unterstützung seitens seiner Eltern. Diese schickten ihn zunächst in Lübeck, wo die Familie vorübergehend wohnte, und später in Hamburg aufs Gymnasium. In der Oberstufe wohnte Riesser bis zu seinem Abitur in einem Hamburger Jungenpensionat, das von einem, heute würde man sagen „Alt-Linken“, dem deutschen Jakobiner Heinrich Würzer (1751–1835), geführt wurde. Dieser hatte 1808 unter der französischen Besatzung in Hamburg eine Privatschule für Christen und Juden gegründet, bis die Schule wegen ihrer radikal-aufklärerischen Ansichten zur Freiheit der Religion und der politischen Publikationen ihres Gründers 1814 vom Hamburger Senat geschlossen wurde, das Jahr, in dem den Juden die neuen Rechte wieder entzogen worden waren. Danach schaffte er es dennoch, erneut ein Jungenpensionat zu gründen. Dort lernte Riesser unter Anleitung des Leiters die Autoren der Aufklärung und insbesondere die Schriften von Baruch Spinoza kennen.

Statt eine rabbinische Laufbahn einzuschlagen, studierte Gabriel Riesser nach der Schule Rechtswissenschaften in Kiel (unter dänischer Herrschaft) und Heidelberg. Sein Rechtsbewusstsein war von der rabbinischen Geschichte seiner Familie her stark beeinflusst. Während der Schulzeit hatte er von seinem Vater Unterricht erhalten[25], vor allem in den juristischen Abschnitten des Talmuds. Nach einem exzellenten Abitur und einer Abschlussrede als Klassenbester auf Alt-Griechisch fing Gabriel Riesser unter dem starken Zuspruch seines Vaters ein Jura-Studium an. Er wählte nicht den Beruf des rabbinischen Rechtsgelehrten, sondern die säkulare Möglichkeit eines Rechtsstudiums. Diese stellte sich den Juden im 19. Jahr-

25 *Rudolf Schay, S. 154.*

hundert als eine neue gesellschaftliche Herausforderung. Mit Gabriel Riesser zog jüdisches Rechtsbewusstsein mit seiner jahrhundertealten oder gar jahrtausendealten religiösen Motivation in die deutsche Rechtsgeschichte ein und stärkte die Ambitionen der deutschen Bevölkerung, sich mit den Mitteln des Rechts und des Rechtsstaates zu einer Demokratie zu emanzipieren.

REFORMJUDENTUM UND DEMOKRATIE

Riessers berufliches und politisches Wirken steht in einem inneren Zusammenhang mit der Formierung des Reformjudentums, namentlich der Einberufung von drei Rabbinerversammlungen in den 1840er Jahren im Vorlauf zur Paulskirchenversammlung. Zu den Rabbinerversammlungen – 1844 in Braunschweig, 1845 in Frankfurt am Main und 1846 in Breslau – kamen Rabbiner aus dem gesamten deutschsprachigen Raum jeweils für mehre Tage, Wochen zusammen, um die Tragflächen und inhaltlichen Modernisierungen des Judentums zu konturieren. Bislang wurde publizistisch immer nur die Bedeutung der Beschlüsse in religiöser Hinsicht für das Judentum allein gewürdigt. Die Versammlungen gelten als eine Art offizielle Formierung des liberalen Reformjudentums. Nie aber wurde eine innere Parallele zur Entwicklung, die zur Paulskirchenversammlung geführt hatte, gezogen. Tatsächlich aber müssen die Akzente, die die drei Rabbinerversammlungen auch für die parlamentarische Geschichte Deutschlands setzten, in dieser Beziehung gesehen werden.

Das grundsätzliche Anliegen der drei Rabbinerversammlungen war ein moderates: Zwar zählen sie zu den bestimmenden Momenten des sich herausbildenden Reformjudentums, doch bestand ihre Motivation gerade nicht in eruptiven Umbrüchen, sondern in maßvollen, gut abgewogenen und begründeten Reformen. Gegenüber einem zunehmenden Wildwuchs radikaler liberal-religiöser Initiativen und subjektiver religiöser Auffassungen einerseits, ebenso wie gegenüber einer zunehmenden Gleichgültigkeit von Jüdinnen und Juden bezüglich der vom traditionellen rabbinischen Establishment geprägten Religion andererseits, wollten die Versammlungen einen Weg religiöser Modernisierung aufzeigen, mit dem sich ein breites Spektrum der deutschsprachigen Juden identifizieren konnte. Diese Motivation ähnelt dahingehend der Paulskirchenversammlung, als sich auch diese eben nicht als Revolution, in der Köpfe rollen sollten, verstehen wollte, sondern viel konservativer als Weg gesellschaftlicher Reformen durch Gesetzgebung – mit der Erstellung einer Verfassung mit Grundrechten für Bürger. Gabriel Riesser selbst war das Paradebeispiel dieser vorsichtigen, letztlich nicht-revolutionären Einstellung, die um jeden Preis Gewaltausbrüche verhindern wollte, zumal damit immer auch antijüdische Gewalt entfesselt wäre.

Gemeinhin wird das Judentum, das Riessers Großväter praktizierten, für die seit Jahrhunderten überlieferte Tradition und für das unter den Bedingungen der Autonomie „authentisch“ gelebte Judentum gehalten. Im Lichte der Geschichte des Reformjudentums zeigt sich jedoch, wie sehr die politischen Rahmenbedingungen die religiösen Machtverhältnisse prägten. Der große Historiker des Reformjudentums, Michael Meyer, beschreibt, wie die zahlreichen Beschränkungen für Juden sich auf den Prozess einer religiösen Modernisierung auswirkten beziehungsweise diese bewusst verhindern sollten.[26] Überwiegend hatten die Regierungen der deutschen Staaten kein Interesse an einem attraktiveren, modern-religiösen Judentum. Die Protagonisten des Reformjudentums mussten für jeden Schritt um Erlaubnis bei den Behörden bitten: der Bau einer neuen Synagoge, der Druck eines modernen

26 *Michael A. Meyer, „Antwort auf die Moderne. Geschichte der Reformbewegung im Judentum“, Wien/Köln/Weimar 2000 (1988), S. 159 ff.*

jüdischen Gebetsbuches, die Anstellung eines Rabbiners, die Teilnahme an einer der Rabbinerversammlungen – all dies war von der Zustimmung der jeweiligen Obrigkeit abhängig. In jedem deutschen Staat war die Lage anders. Während unter Jérôme Bonaparte die religiöse Modernisierung begrüßt worden war, lehnte König Friedrich Wilhelm III. in Preußen trotz seines Edikts von 1812, welches Juden im preußischen Kernland ein vergleichbar hohes Maß an bürgerlichen Rechten gewährte, jegliche Modernisierung des jüdischen Gottesdienstes ab. Die jüdische Religion sollte, so Meyer, „weiter als Fremdkörper sichtbar in Mißgunst stehend erscheinen“[27]. Die bis zur vollständigen bürgerlichen Gleichberechtigung immer noch teilweise wirksame jüdische Autonomie, in der die Rabbiner ein hohes Maß an Macht besitzen konnten, entpuppt sich in diesem Licht als Schulterschluss mit der reaktionären deutschen Obrigkeit, die bestrebt war, das Reformjudentum beziehungsweise die Emanzipation der deutschsprachigen Juden zu modernen Bürgern und Bürgerinnen zu verhindern.

Es stellt sich damit die Frage, ob mit der Liberalisierung der jüdischen Religion das Judentum in der Moderne überhaupt erst zu sich selbst finden konnte. Die Macht des orthodoxen Rabbinats war jedenfalls keine von der jüdischen Bevölkerung freiwillig gewollte, sondern zu einem Teil von der deutschen Obrigkeit aufoktroyierte. Es stellt sich weiter die Frage – bis in die Gegenwart –, ob die politischen Rahmenbedingungen noch immer das Bild des jeweiligen Judentums bestimmen. Diese Frage stellt sich nicht zuletzt im Staat Israel, in dem durch die vom Staat verliehenen Privilegien für das orthodoxe Rabbinat die orthodoxe als „offizielle“ Religion betrachtet wird. Damit bleibt etwas von dem alten Schulterschluss, wie man ihn in den deutschen Landen gegen religiöse Modernisierung erlebte, fortbestehen. Nur ist es in Israel der jüdische Staat selbst, der die jüdische Religion gefangen hält.

27 *Ebd.*, S. 164.

Was den reformjüdischen Aufbruch im 19. Jahrhundert betrifft, beschreibt Michael Meyer gerade auch den politischen Charakter der Rabbinerversammlungen.[28] Angereist kamen so gut wie alle fortschrittlichen Rabbiner von Rang und Namen im deutschsprachigen Raum, die aus heutiger Sicht zugleich den Anfang der verschiedenen liberalen Ausrichtungen begründeten: Abraham Geiger das Reformjudentum, das sich heute „progressives Judentum" nennt, Zacharias Frankel das im Verhältnis zum Reformjudentum „konservative Judentum", das heute „Masorti" heißt. Außerdem kamen Radikalreformer wie Samuel Holdheim, David Einhorn und Ludwig Philippson, der Herausgeber der die Entwicklung begleitenden *Allgemeinen Zeitung des Judentums*.

Zu Beginn der ersten Konferenz 1844 in Braunschweig wurden wichtige Entscheidungen zum Verfahren getroffen. Erstens wurde die parlamentarische Form verwendet. Die Versammlung gab sich Statuten, um einen Vorsitz zu wählen, offizielle Sitzungsprotokolle zu führen und Entscheidungen durch Mehrheitsentscheid zu fällen. „Es wurde daher sofort der Eindruck verstärkt, daß diese Versammlung über einen rein informellen Meinungsaustausch hinausgehen würde. Sie erschien eher wie ein Parlament, das sich selbst das Recht gegeben hatte, über die religiösen Gesetze für die deutschen Juden zu bestimmen."[29] Das „demokratische" Setting war aus jüdischer Sicht keineswegs neu, sondern hatte seine talmudischen Vorläufer. Es schloss an die überlieferten demokratischen Traditionen der rabbinischen Akademien im Babylonischen Talmud an. Narrative wie die Geschichte des *Ofen von Achnai*, in der Rabbi Elieser, der Wunder bewirkte und die Himmelsstimme heraufbeschwor, dennoch dem Mehrheitsentscheid der Rabbiner unterlag[30] – oder der Entmachtung des Autokraten Rabbi Gamliel, gegen den eine demokratische

28 Ebd., S. 200 ff.
29 Ebd., S. 200.
30 Babylonischer Talmud, Bawa Mezia 59b.

Lehrhauskultur durchgesetzt wurde[31], bezeugen ein sehr altes rabbinisches Bewusstsein für religiöse Entwicklung *durch Parlamentarisierung und Demokratisierung*. Jedem Rabbiner, der an den drei Versammlungen 1844, 1845 und 1846 teilgenommen hatte, waren diese Narrative bekannt. Und ebenso kannte Gabriel Riesser sie.

In noch einem weiteren Punkt, den noch fehlenden *politischen* Erfahrungen, ähnelten die Rabbinerversammlungen der Paulskirchenversammlung. Es wurde über Tage und Wochen mehr geredet, als dass Beschlüsse zur Abstimmung gebracht wurden. Auch war den Teilnehmern nicht klar, welche Autorität der Versammlung als rabbinischem Gremium zukam. Sollten die Resolutionen für die jüdische Gemeinschaft bindend sein oder handelte es sich mehr um eine Auseinandersetzung mit Standpunkten und um das Bemühen, allgemeine Kriterien und Grundsätze für das Reformjudentum zu formulieren? Konnten die Rabbiner angesichts der politischen Rahmenbedingungen überhaupt eine formelle Autorität genießen?

Gleichwohl wurden einige Entscheidungen getroffen, an denen sich das moderne Menschenbild der Rabbinerversammlungen zeigt. Eine aufschlussreiche Abstimmung betraf

31 *Babylonischer Talmud, Brachot 27b–28a. In diesem Narrativ tritt das Oberhaupt der Talmudakademie in Jawne, Rabban Gamliel (1. Jh. d. Z.), aufgrund seiner behaupteten davidischen Abstammung, das heißt als Repräsentant einer zukünftigen (messianischen) Königslinie als Autokrat auf und trifft eigenmächtige Entscheidungen, die nachweislich halachische Regeln brechen. Das rabbinische Kollegium rebelliert und setzt ihn ab. Damit einher geht die Demokratisierung der Talmudakademie. „An diesem Tag", so erzählt die Geschichte, wurden die Bestimmungen des Mischna-Traktates „Edujot" beschlossen, wonach die Mehrheitsentscheidung gilt, zugleich aber die Minderheitenmeinung mit aufgeführt wird. Außerdem wurde das rabbinische Kollegium um 400 oder gar 700 Sitze zu einer Art Parlament erweitert. Proselyten waren darin ebenfalls willkommen, auch wenn sie von einer bis dahin diskriminierten Herkunft abstammten (Ammoniter, Moabiter). Selbst die Definition, wer Jude ist, wird in dieser Geschichte neu gefasst. Danach gebe es seit dem Babylonischen Exil keine „reine" Abstammung mehr, die Völker seien „vermischt" worden. Die jüdische Zugehörigkeit erkläre sich nur noch aus dem Bekenntnis zu Tora. – Das Narrativ enthält wesentliche Elemente, die sich für politische Ideen wie die „Willensnation" und Demokratisierung gut erschließen lassen.* *Siehe S. 24.*

die Frage, ob „gemischte" Eheschließungen im Judentum erlaubt sind. Dies war eine Frage, die Gabriel Riesser mit der Forderung der fakultativen Zivilehe, das heißt, der Möglichkeit einer freiwilligen und bekenntnisunabhängigen Eheschließung, als Teil der Religionsfreiheit unterstützte.[32] Vom rabbinischen Standpunkt her wurde eine konfessionell gemischte Ehe traditionell abgelehnt. Die von den Rabbinern formulierte Formel ist indes vielsagend: „Die Ehe eines Juden mit einer Christin, die Ehe mit Angehörigen monotheistischer Religionen überhaupt, ist nicht verboten, wenn den Eltern von den Staatsgesetzen gestattet ist, die aus solcher Ehe erzielten Kinder auch in der israelitischen Religion zu erziehen."[33] Zu diesem Zeitpunkt herrschte noch das unumschränkte Privileg des Christentums. Kein Staat in Deutschland gestattete bei gemischten Ehen, dass die Kinder jüdisch erzogen werden. Gleichwohl wurde mit der Formulierung der Rabbiner die Möglichkeit gemischt-konfessioneller Ehen mit der Prämisse, dass die jüdische Religion die bestimmende für die Familie werden kann, denkbar. Insofern bekundete die Formulierung implizit den Anspruch auf Religionsfreiheit und Gleichberechtigung.

Ein weiteres, gerade auch aus theologischer Sicht interessantes Beispiel für das modern-religiöse Rechtsbewusstsein der Rabbiner war der Antrag auf die vollumfängliche religiöse Gleichberechtigung der Frau. Abraham Geiger hatte bereits in einer wegbereitenden 1837 veröffentlichten Schrift die Abschaffung aller Frauen diskriminierenden Bestimmungen gefordert.[34] Auf der Frankfurter Versammlung sprach sich Rabbi-

32 *Gabriel Riesser, „Über die Stellung der Bekenner des mosaischen Glaubens in Deutschland. An die Deutschen aller Confessionen", Altona 1831, in „Gabriel Riesser, Ausgewählte Werke", hg. v. Uri Kaufmann/Jobst Paul, Wien/Köln/Weimar 2012; siehe auch Uri Kaufmann/Jobst Paul, „Gabriel Riesser zwischen 1830 und 1848" in ebd., S. 27.*

33 *Zit. nach Michael A. Meyer, S.201.*

34 *Abraham Geiger, „Die Stellung des weiblichen Geschlechtes in dem Judenthume unserer Zeit", in WZJT3 (1837), S. 1–14.*

ner Samuel Adler für die religiöse Emanzipation der Frau aus und stützte diese ausführlich auf die talmudischen Quellen. Für die Konferenz in Breslau 1846 präsentierte eine Sonderkommission einen Bericht, der große Zustimmung fand. Auch er basierte auf einer stringenten religiösen Begründung aus den biblischen und religionsgesetzlichen Quellen: Er begründete die Gleichberechtigung der Frau entlang der *Halacha* – übertrug die religiösen Pflichten der Männer auf Frauen, was sie zu gleichberechtigten Mitgliedern des Quorums *(Minjan)* des Gottesdienstes machen würde, gab ihnen die gleiche Verantwortung für die religiöse Erziehung der Kinder, verlangte dieselbe religiöse Erziehung für Mädchen wie für Jungen und erklärte, dass Ehemänner oder Väter nicht das finanzielle Gelübde einer Frau aufheben können (dass Frauen also über ihr Geld selbst verfügen können).[35]

Der geschichtlichen Entwicklung weit vorauslaufend wurde die rechtliche Gleichstellung der Frau zumindest vom religionsrechtlichen, halachischen Standpunkt aus auf der Rabbinerversammlung 1846 begründet und anerkannt.[36] Zum Vergleich: Die Forderung der Gleichberechtigung der Geschlechter war zwar längst von politisch bewussten Frauen in Deutschland erhoben, doch in der Paulskirche wurde die Frage weder debattiert, noch gab es einen einzigen Antrag darüber. Erst die Weimarer Verfassung (Artikel 109) stellte Männer und Frauen rechtlich gleich.

Ein weiterer innerer Zusammenhang zwischen den Rabbinerversammlungen und der Paulskirchenversammlung

35 *Für eine ausführliche Auseinandersetzung mit dem Breslauer Bericht zur Gleichberechtigung der Frau im Judentum (1846) siehe Elisa Klapheck, „Die Stellung der Frau – eine Sichtweise aus dem Reformjudentum", in „‚Lehre mich, Ewiger, Deinen Weg'. Ethik im Judentum", Grundlagenbuch für Lehrer und Schüler der Oberstufe, hg. v. Zentralrat der Juden in Deutschland und v. Schweizerischen Israelitischen Gemeindebund, Berlin 2015.*

36 *Ihre tatsächliche Verwirklichung bedurfte indes noch langer Jahrzehnte, wie auch alle Beschlüsse und Diskussion der drei Rabbinerversammlungen gegen den erbitterten Widerstand der Traditionalisten über die Jahre erst umgesetzt wurden.*

war die Rolle der Radikalen, die auch in anderen Zusammenhängen für die Demokratie kämpften. Rabbiner David Einhorn (1809–1879) hatte sich bereits bei der Versammlung 1845 in Frankfurt am Main in der Diskussion um die Zukunft der Messias-Idee im Judentum hervorgetan. Diese wurde im Reformjudentum zwar beibehalten, aber nicht mehr an eine Rückkehr nach Jerusalem geknüpft. Man war in Deutschland zu Hause. Rabbiner Einhorn verband diese Sichtweise mit einer Umdeutung der Diaspora: Sie sollte nicht mehr als beklagenswertes Exil der Juden gesehen werden, sondern als ein positives Selbstverständnis, getragen von einer „Sendung Israels unter den Völkern".[37] Nach dem Prophetenwort „Von Zion geht die Tora aus"[38] sollte das Wort Gottes von Juden in alle Himmelsgegenden getragen werden. Einhorn emigrierte in den 1850er Jahren in die USA und wurde zu einer führenden Persönlichkeit des amerikanischen Reformjudentums. Zugleich kämpfte er gegen die Sklaverei und für die Rechte der Schwarzen. Ähnlich wie Einhorn flüchteten nach der Niederschlagung der Revolution 1849 in Deutschland viele der deutschen Kämpfer in die USA und setzten dort ihren Kampf für die Freiheit im amerikanischen Bürgerkrieg gegen die Südstaaten fort. Dies ist ebenfalls ein weitgehend ignoriertes Kapitel deutscher Demokratiegeschichte und ihrer Erfolge.

Wie kann das Ende bewertet werden? Nach der dritten Rabbinerversammlung war noch eine vierte geplant. Diese sollte in Mannheim stattfinden – eines der Zentren der Revolution von 1948/49 und eine Hochburg des liberalen Judentums. Doch das Treffen fand aus verschiedenen Gründen nicht mehr statt. Zunächst gab es Schwierigkeiten, die Erlaubnis der ortsansässigen Regierung zu erlangen. Das endlich für Juli 1848 festgelegte Datum wurde dann jedoch von der Revolution eingeholt. Es ist allerdings zu hinterfragen, ob sich,

37 Siehe Michael A. Meyer, S. 205.
38 Jesaja 2, 3.

wie Michael Meyer sagt, die politischen Verhältnisse so sehr verändert hatten, dass für Rabbinerversammlungen allgemein kein Interesse mehr bestand. Oder aber ob die Motivation jüdisch-religiöser Modernisierung nunmehr auf eine andere, allgemeinere Ebene gelangt war, indem sie sich auf die Demokratisierung der deutschen Gesellschaft insgesamt richtete, dabei aber dasselbe im Judentum gelegene Potential zur Wirkung brachte.

Zugleich darf nicht ignoriert werden, dass ähnlich wie zur Zeit der Romantik und der Emanzipation der deutschen Juden durch Napoleon auch in dieser Zeit der „politische Antisemitismus" in Deutschland wieder virulent wurde. Er lehnte die Gleichberechtigung der Juden und damit die politische Rolle des Judentums in Deutschland kategorisch ab. Dies ging gepaart mit der Ablehnung der Demokratie für Deutschland und des Rechtstaates für alle Deutschen. Darin zeigt sich der implizite positive Zusammenhang von Judentum und Demokratie. Indem heute die deutsche Demokratiegeschichte und die Geschichte des deutschen Judentums immer nur als die Geschichte eines Scheiterns beziehungsweise als die Geschichte der Vernichtung dargestellt werden, bleibt überdies verdeckt, dass die Inhalte der Paulskirche und ebenso der Rabbinerversammlungen schlussendlich dennoch verwirklicht wurden. Das geschah in allmählichen Prozessen. Auch wenn das NS-Regime das Judentum in Europa vernichtete, lebten die Inhalte der deutschen Rabbinerversammlungen im amerikanischen Reformjudentum und heute weltweit im liberalen Judentum fort. Auch wenn das Parlament der Paulskirche nur etwas mehr als ein Jahr existierte, ging die von ihm beschlossene Verfassung ihren Weg – über die Weimarer Verfassung zum heutigen Grundgesetz.

VERFASSUNGSPATRIOTISMUS – JÜDISCH MOTIVIERT

Es ist die Frage, inwieweit Gabriel Riessers politisches Engagement in einem ursprünglichen Sinn vom Judentum her oder aber von den diskriminierenden Erfahrungen her motiviert war: Es liegt ein Unterschied darin, ob die Werte, für die Gabriel Riesser eintrat, eine säkularisierte Version der in seiner Familie tradierten Einstellungen zu den höchsten, das Religiöse berührenden Fragen ausdrückten; oder aber, ob die Werte, für die er eintrat, eine Reaktion auf die vielen Diskriminierungen, die er als Jude erlebte, zu verstehen sind. In jedem Fall unterscheiden sich Einstellungen zur Gesellschaft, die vom Judentum her begründet waren, von Einstellungen zur Gesellschaft, die vom Christentum her begründet waren, allein schon darin, dass erstere mit der Erfahrung argumentierten, eine bewusste Minderheitenreligion zu sein, die keinen Anspruch auf Missionierung erhebt – die anderen jedoch eine dominante Mehrheitsreligion sind mit wenig Notwendigkeit, andere Glaubensvorstellungen zu berücksichtigen. Das allein wirkt sich wesentlich auf die jeweilige politische Theologie aus.

Die beiden Motivationen lassen sich kaum getrennt voneinander betrachten. Bei Riesser kamen sie zusammen: die tradierte religiöse Anschauung sowie die Erfahrung antijüdischer Diskriminierungen. Für Juden, die beruflich aufsteigen wollten, bestand ein enormer Druck, zum Christentum überzutreten. Einige gaben dem nach. Riesser erlebte im eigenen Freundeskreis immer wieder, wie sich der Bann aufhob, sobald man als Jude die Taufe vollzogen hatte. Als Jura-Student in Heidelberg lud Riesser zu einem politischen Gesprächskreis ein, an dem Kommilitonen teilnahmen, die eine politische Rolle spielen würden, wie der spätere Hamburger Bürgermeister Nicolaus Ferdinand Haller, ab 1863 im Amt. An Haller zeigte sich, dass es Juden durchaus weit bringen konnten, wenn sie das entsprechende religiöse Zugeständnis machten. Hallers jüdische Eltern waren zum Christentum konvertiert. Riesser blieb sein Leben lang mit Haller und seiner Frau Adele, die ebenfalls jüdisch war, befreundet. Auch war er bereits zu Studienzeiten mit dem Radikaldemokraten Jacob Venedey, der später ebenfalls Abgeordneter der Paulskirche wurde, und mit Gustav von Struve, dem Revolutionsführer von 1848, befreundet.

Trotz bester Noten konnte Riesser über Jahrzehnte nicht in seinem Beruf als Jurist arbeiten. Im Dezember 1826 schloss er die Promotion in Heidelberg mit „summa cum laude“ ab. Danach versuchte er, sich zu habilitieren. Dies wurde abgelehnt, da die Verwaltung des Großherzogtums Baden Juden nicht als Professoren zuließ, obwohl die Verfassung es erlaubt hätte. Riessers zweiter Versuch scheiterte ebenfalls: In Jena durfte er sich aus demselben Grund nicht habilitieren. Überall galt die Taufe als Voraussetzung für den akademischen Beruf, sogar für einen unbezahlten Dozenten, was Riesser vorübergehend für sich erwogen hatte. Demgegenüber standen die Fälle von jüdischen Juristen, die kurz nach der Taufe zum Professor berufen wurden.

Riesser empfand das karrieristische Verhältnis zur Religion, das der Druck zur Taufe bedeutete, als moralisch verwerflich. Nachdem ihm die Habilitation zum zweiten Mal verunmöglicht wurde, zog er in seine Geburtsstadt Hamburg zurück, um eine Zulassung als Rechtsanwalt zu beantragen. Zu seiner Enttäuschung gelang ihm auch dies nicht, da Juden in Hamburg keine Bürgerrechte besaßen. Das Zugeständnis einer Konversion zum Christentum lehnte er strikt ab. Er stand damit im klaren Gegensatz zu Heinrich Heine, Ludwig Börne und anderen, die aus taktischen Gründen ein „Christentum light“, also den Protestantismus, annahmen.[39] Es sei an dieser Stelle darauf hingewiesen, dass nicht nur Juden unter dem Konversionsdruck litten. In Preußen und anderen protes-

39 *Gabriel Riesser, „Jüdische Briefe“, erstes Heft, in „Gabriel Riesser, Ausgewählte Werke“, hg. v. Uri Kaufmann/Jobst Paul, Wien/Köln/Weimar 2012, S. 118.*

tantisch geprägten Gebieten Deutschlands wurde ebenso der Katholizismus benachteiligt. Der angestrebte soziale Aufstieg ging auch dort nur über den Protestantismus.

Trotz der zunächst unüberwindbaren Steine, die Riessers Weg bestimmten, erfuhr er die bedingungslose und darin inbegriffene finanzielle Unterstützung seiner Familie. Sein Vater, der ihn sehr verehrte, verglich ihn regelmäßig mit dem Großvater, dem großen Rabbiner von Altona und er sah den angehenden Juristen, der sich in gesellschaftlichen Fragen explizit zu äußern verstand, als „würdige[n] Enkel meines großen Meisters, des hochseligen Raphael Cohen“[40]. Dies bezog sich auf die Gelehrsamkeit, nicht aber auf die progressiven Anschauungen des Enkels. Als Riesser sich gegenüber den Eltern zerknirscht darüber zeigte, dass es trotz des von ihnen ermöglichten Jura-Studiums schwer werden würde, eine Berufsperspektive zu erhalten, beschwichtigte der Vater ihn. Zugleich schlug er seinem Sohn einen Ausweg über eine Stelle beim Hamburger Rabbinat vor. Es könnte der erste Schritt sein, bei dem die Behörden zuließen, dass Gabriel Riesser als „Consulent“, als juristischer Berater tätig sei – und zugleich als Kenner der jüdischen Gesetze, der Halacha:

> „Wie du weißt, wird in Testaments-, Erbschafts- und Ehesachen hier noch nach unseren [den jüdischen] Gesetzen geurtheilt, und ich kann mir die Hoffnung nicht so leicht nehmen lassen, daß eine so bedeutende Gemeinde[,] wie [es] die unsere in der That ist, wenn sie mit Energie – ich will nicht sagen fordert, sondern darum bittet, – nicht das Recht erlangen sollte, einen einzigen immatrikulierten Consulenten aus ihrer Mitte zu haben, der mit der nöthigen Kenntniß dieser Gesetze ausgestattet ist.“[41]

Gabriel Riesser lehnte diese Aussicht ab, nicht aber, weil er das jüdische Umfeld als Berufsumfeld ablehnte. Vielmehr enga-

40 Lazarus J. Riesser an seinen Sohn in Heidelberg, 30. September 1827. Am Tag vor dem Versöhnungstag, zit. nach Helga Krohn, S. 10.

41 Brief Lazarus J. Riesser an seinen Sohn in Heidelberg, 14. September 1827, ebd., S. 14.

gierte er sich im reformjüdisch orientierten *Israelitischen Tempelverband* und saß später in dessen Direktorium. Es widersprach bloß seinem Ziel des für alle geltenden gleichen Rechts.

Nach dem Tod des geliebten Vaters versuchte Riesser ein drittes Mal, eine bürgerliche Berufslaufbahn einzuschlagen. Im Mai 1836 zog er mit seiner Mutter, einer Schwester und einem Bruder sowie deren Ehepartnern nach Bockenheim, einem heutigen Stadtteil von Frankfurt, wo eine drei Jahre zuvor erlassene Verfassung Juden in Kurhessen rechtlich gleichstellte. Dies stand jedoch nur auf dem Papier und wurde in der Praxis von den Behörden unterlaufen. Riesser bewarb sich um das Bürgerrecht mit dem Ziel, anschließend als Anwalt zugelassen zu werden. Sein Gesuch wurde monatelang ignoriert und schließlich abgelehnt. Gleichwohl erlebte er die Bockenheimer Zeit als positiv. Er bewegte sich in reformjüdischen Frankfurter Kreisen und wurde Mitglied in der einzigen christlich-jüdischen Loge, die es in Deutschland damals gab. Seine Schwägerin, Pauline Riesser, führte außerdem einen Salon, in dem sich das politische Umfeld Riessers, jüdisch wie christlich, traf. Zu Riessers besten Freunden in Frankfurt gehörte der jüdische Maler Moritz Daniel Oppenheim, mit dem er gemeinsam Hebräisch lernte. Oppenheim zeichnete mehrere Porträts von ihm und malte auch ein Ölbild, das leider in der NS-Zeit verlorenging.

Trotz der ihm entgegengebrachten Ablehnung auf Behördenebene resignierte Riesser nicht. Er machte seine eigene Situation zum Gegenstand seiner allgemeinen publizistischen Auseinandersetzung mit der rechtlichen Situation der Juden in den deutschen Ländern. 1830 erschien seine bahnbrechende Schrift *Über die Stellung der Bekenner des mosaischen Glaubens in Deutschland. An die Deutschen aller Confessionen*[42]. Er hatte sie im dänischen Altona drucken lassen,

42 *Gabriel Riesser, „Über die Stellung der Bekenner des mosaischen Glaubens in Deutschland. An die Deutschen aller Confessionen", Altona 1831, in „Gabriel*

wo keine scharfe Zensur bestand. Schon nach einem Monat erschien die zweite Auflage. Zu Riessers begeisterten Lesern gehörten der damals populäre jüdische Schriftsteller Berthold Auerbach, der die Schriften Spinozas erstmals auf Deutsch herausgab und ebenfalls zu den jüdischen Wegbereitern der Revolution von 1848 zählte, sowie der jüdische Arzt Johann Jacoby, ein politischer Radikaler und späterer Abgeordneter der preußischen Nationalversammlung, er war als Nachrücker 1849 Mitglied des Paulskirchenparlaments. Argumentativ ging es Riesser in dieser Publikation darum, gegen antisemitische Zerrbilder vorzugehen, den staatlichen Druck zur Konversion als unmoralisch anzuprangern sowie die soziale, bürgerliche und persönliche Zurücksetzung der jüdischen Bevölkerung zu beenden und endlich die Gleichberechtigung zu erreichen.

Gleichwohl fällt auch die religiöse Argumentation auf. So sieht Riesser das Recht an die Stelle des Glaubens getreten:

> „Die Zeiten der Glaubens-Märtyrer sind vorüber; die Frage der Glaubensfreiheit selbst ist heut zu Tage mehr eine Frage des Rechts, der Ehre, der Freiheit als des Glaubens. Aber das Vertrauen auf eine gerechte Sache ist auch ein Glaube; es kann auch begeistern zu Bemühungen und Opfern, die, wenn sie kein augenblicklicher Erfolg krönt, wohlthätigen Samen in die Zukunft streuen können."[43]

Das Zurücktreten des Glaubens vor dem Recht solle dabei nicht die religiöse Aufrichtigkeit vermindern. Genau darin lag der Kern von Riessers Argumentation. Der unentwegte Druck auf Juden, zum Christentum überzutreten, degradiere nicht nur das vorgebliche „Gottesbekenntnis" von Juden, sondern die christliche Religion zu leeren Phrasen um der Karriere willen:

Riesser, Ausgewählte Werke", hg. v. Uri R. Kaufmann/Jobst Paul, Wien/Köln/Weimar 2012, S. 37–85.

43 Ebd., S. 40.

„Wir glauben, daß das Gebot des Sabbath, wie die mosaischen Speisegesetze und ähnliche[,] an äußere vergängliche Verhältnisse geknüpft sind; aber das inhalt[s]schwere Wort der ewigen Wahrheit ‚du sollst den Namen deines Gottes nicht umsonst anrufen' hallte ewig in den Tiefen unseres Herzens wieder, und flößt uns ein Grauen ein vor einem Gottesbekenntniß, an dem das Herz keinen Theil hat, und Abscheu gegen eine verworfene Gesetzgebung, die zu solchen Bekenntnissen lockt. Wahrheit – so denken wir – nicht Heuchelei und Lüge sollen an die Stelle des untergehenden Wahnes treten; die Opfer, die der Aberglaube nicht mehr heischt, sollen dem Gott der Wahrheit und der Liebe, nicht den Götzen der Falschheit und der Selbstsucht; sie sollen dem Wohl der Leidenden, dem Recht der Unterdrückten, nicht der übermüthigen Willkür eines andern [sic] Aberglaubens dargebracht werden."[44]

Sicherlich stimmten auch viele Christen Riessers Argumentation gegen das leere Aussprechen des Gottesnamens zu.

„Wie aber kann der erwachsene Mann jene Achtung für einen Glauben festhalten, dessen Verehrer ihm wie schnöde Kuppler erscheinen müssen, die, wie Kuppler anderer Art durch den Reiz des Goldes zu einem Bündniß ohne Liebe, so durch äußere Vortheile zu einem Bekenntniß ohne Glauben locken."[45]

Es zeigt sich in diesen und zahllosen anderen Passagen, dass Riesser an die Macht des Rechtes glaubte – dass es für ihn hierbei um eine Glaubensfrage ging. Echte, aufrichtige Religion könne sich nur auf der Basis der Macht des Rechtes, das die Freiheit gewährleistet, entfalten:

„Erst, wenn die Frage des Rechtes ihre volle Erledigung erhalten, kann für redliche Männer die gewissenhafte Erörterung der Glaubensfragen beginnen."[46]

Um noch mehr Wirkung zu erzielen, gründete Riesser 1832 eine eigene Zeitschrift mit dem provokativen Titel *Der Jude* –

44 Ebd., S. 52.
45 Ebd., S. 59.
46 Ebd., S. 59.

periodische Blätter für Religions- und Gewissensfreiheit. Das Wort Jude galt damals als Schimpfwort.[47] Riessers Ansehen innerhalb der jüdischen Gemeinschaft in den deutschen Landen stieg stetig, bis er durch seine scharfe Argumentationsweise gemeinhin als „Anwalt der jüdischen Sache" angesehen wurde. Sein Hauptargument besagte: Gleiche Pflichten bedingen gleiche Rechte. Und die Befolgung der Gesetze sei die Grundlage der Staatsbürgerschaft, nicht die christliche Religion. Von einigen jüdischen Historikern (Julius H. Schoeps und Uri Kaufmann) wird Riesser damit als Vordenker der modernen Staatsauffassung und des „Verfassungspatriotismus" gesehen. Dolf Sternberger hat diesen Begriff 1970 und vertiefend 1979 zum 30. Jahrestages des Grundgesetzes im Gegensatz zum „Nationalpatriotismus" geprägt.[48] Definitiv sprach Riesser sich damit gegen eine völkische oder ethnische Grundlage eines Staates aus.

Sein publizistisches Engagement ab 1830 für die Emanzipation ließ nicht ab. Über die Jahre veröffentliche Riesser zehn Bücher und zahlreiche Zeitungsartikel zur Judenemanzipation. Diese erregten viel Aufsehen und provozierten vor allem von evangelischen Theologen der Universitäten Heidelberg und Tübingen antisemitische Gegenschriften. Riesser beteiligte sich an zahlreichen jüdischen Petitionen an unterschiedliche Landtage, um die Gleichberechtigung zu erwirken – zumeist jedoch erfolglos. So unterstützte er insgesamt neun Petitionen an den badischen Landtag, die alle abgewiesen wurden. Erst in der Umbruchzeit von 1848 er-

47 *Es gab über einen längeren Zeitraum betrachtet drei Zeitschriften mit dem Titel „Der Jude" in Deutschland. Die erste erschien 1766 bis 1772 und war ein antisemitisches Blatt. Danach kam die Zeitschrift von Gabriel Riesser und von 1916 bis 1928 die Zeitschrift „Der Jude", die vom Religionsphilosophen und liberalen Juden Martin Buber herausgegeben wurde. Buber hat sich bewusst auf Gabriel Riesser und seine Zeitschrift bezogen.*

48 *Dolf Sternberger, „Unvergleichlich lebensvoll, aber stets gefährdet: Ist unsere Verfassung nicht demokratisch genug?", in Frankfurter Allgemeine Zeitung, 27. Januar 1970, S. 11 u. 23. Mai 1979, S. 1.*

reichte er mit einer weiteren Petition an den badischen Landtag zumindest einen Teilerfolg.

Tatsächlich erwog Riesser in den späten 1830er Jahren vorübergehend eine Auswanderung nach England oder sogar Amerika. An seine Freundin Adele Haller schrieb er: „Die Aussicht Deutschland zu verlassen, ist mir noch immer eine schmerzliche, und es wird mir in jedem Fall viele Mühe kosten, mich daran zu gewöhnen.“ [49] Und in einem weiteren Brief an sie sagte er: „Könnte ich es dahin bringen, ordentlich englisch zu schreiben oder in englischer Sprache Vorträge zu halten, so könnte ich einmal den Versuch machen, irgendeinen Teil der Rechtswissenschaft an der Londoner Universität zu lehren [...]. Es gibt aber nur ein Ding in der Welt, das ich einigermaßen verstehe, nämlich Deutsch zu schreiben, und damit ist außerhalb Deutschland[s] ja nichts anzufangen.“[50] Bemerkenswert sind Riessers politische Gründe, warum eine Emigration in die USA für ihn schlussendlich nicht in Frage kam: „Manche der Edelsten hat sich der Gedanke der Auswanderung nach Amerika bemächtigt, den schon einige hundert Judenfamilien in den letzten Jahren ausgeführt haben. Ich könnte mich diesem Gedanken mit Enthusiasmus anschließen, wenn mir nicht Amerika durch die Sklaverei und durch alle die Gräuel, die sich an dies Übel geknüpft haben, sehr verleidet worden. Was hilft es, wenn die Lust der Menschen am Unrecht, am Unterdrücken dort einen anderen[,] aber fürwahr keinen besseren Weg, als in Europa genommen

49 Brief 13. März 1838 an Philippine Adele Haller, geb. Oppenheimer, Ehefrau von Gabriel Riessers Freund aus dem Jurastudium in Heidelberg, dem Rechtsanwalt und späteren Hamburger Senator, Finanzsenator und mehrfachen Bürgermeister Nikolaus Ferdinand Haller. Hallers Vater war 1814 zum Protestantismus übergetreten, um als Jurist tätig sein zu dürfen. Die Hamburger Familie Oppenheimer war nach dem Abzug der Franzosen zum Protestantismus übergetreten. Aus dieser getauften Familie gingen später einige führende Anwälte und Richter Hamburgs hervor. „Juden und Judentum in deutschen Briefen aus drei Jahrhunderten“, hg. v. Franz Kobler, Wien 1935, S. 236–237.

50 Ebd.

hat!"[51] Hier ist der Vergleich mit politischen Zielen unter Reformrabbinern interessant. Riessers Zeitgenosse, Rabbiner David Einhorn (1809–1879), der aus Deutschland in die USA emigriert war und dort zum prägenden Protagonisten des Reformjudentums wurde, setzte sich vehement gegen die Sklaverei ein.

Nach und nach erreichte Riesser sein Ziel, auch ohne eine Konversion zum Christentum in seinem Beruf arbeiten zu können. Nach seiner Rückkehr nach Hamburg 1840 beschloss der Senat, dass zwei Mitglieder der jüdischen Gemeinde Notare werden durften. Unter Drängen der Gemeinde bewarb sich Riesser erfolgreich und hatte nun endlich einen ordentlichen juristischen Beruf in seiner Heimatstadt. 1860 wurde er zum Richter ernannt, dem ersten jüdischen Richter in Deutschland.

Parallel engagierte sich Riesser als Mitglied des Direktoriums im liberal eingestellten *Israelitischen Tempelverband*. Als der Hamburger Rabbiner Isaak Bernays (1792–1849) eine Neuauflage des Reformgebetbuchs zu verbieten versuchte, wurde Riesser mit einem Rechtsgutachten beauftragt, welches das Verbot verhinderte und die Macht des Rabbiners gegenüber der Gemeinde beschränkte. Riesser sah die Zukunft des Judentums im Reformjudentum. Gegenüber Rabbiner Ludwig Philippson, dem Herausgeber der *Allgemeinen Zeitung des Judentums*, der Plattform, in der die modernen Ideen diskutiert wurden, äußerte Riesser ein Verständnis vom Reformjudentum als gesellschaftlich gestaltende Kraft im Hinblick auf die Ideen der Paulskirchengeneration.[52] Religiös gesehen sah Riesser das Reformjudentum nicht als eine nur zeitgemäße

51 *Ebd.*

52 *Jobst Paul, „Der Primat des Rechts. Gabriel Riessers ‚Über die Stellung der Bekenner des Mosaischen Glaubens in Deutschland'", in „Gabriel Riesser, Ausgewählte Werke, hg. v. Uri R. Kaufmann/Jobst Paul, Wien/Köln/Weimar 2012, S. 35. Riessers Optimismus hinsichtlich der innerjüdischen Reformentwicklung und ihrer Kompatibilität mit dem modernen Rechtsstaat mochte Philippson nicht teilen, denn „von einem beträchtlichen Theile der Juden" würde die jüdische Religion weiterhin „in ihrer rabbinischen Ausgedehntheit" praktiziert.*

Adaption oder gar assimilatorische Anpassung – das hätte er, ähnlich wie eine Konversion zum Christentum, abgelehnt –, sondern als eine Entwicklung des Judentums zu sich selbst, zu seinen ureigenen gesellschaftlichen Potentialen. Hierzu gehörte auch das demokratisierende Potential. So schrieb er im Zusammenhang mit der Gebetbuch-Kontroverse:

> „Was mir den Tempelverein so werth macht, daß er ein freier Verein ist, daß er auf dem Princip beruht, auf dem alle religiösen Vereine beruhen sollten, daß er keine Mitglieder zählt, als die sich aus freiem Willen zu ihm halten und die jederzeit, wenn sie wollen, aus ihm austreten können, und daß er daher auch keine Autorität, als die Gesinnung der Mehrheit, anzuerkennen braucht."[53]

Zwar zählte Riesser sich selbst eher zum radikalen Flügel des Reformjudentums, machte aber beim Thema der Gleichberechtigung keine Ausnahme. Auf Versuche von vorgeblich fortschrittlichen Protestanten, das Bürgerrecht allein „modernen" und „gebildeten" Juden zu geben, die orthodoxen Juden jedoch davon auszuschließen, ließ sich Riesser nicht ein. Ebenso lehnte er den Vorschlag ab, nur wohlhabenden Juden mit „ordentlichen" Berufen das Bürgerrecht zu gewähren, jedoch die mehrheitlich armen Juden davon auszuschließen. Riesser war sich darüber bewusst, dass die für Juden geltenden Berufs- und Handelsverbote Ursache ihrer Verarmung waren, und lehnte eine rechtliche Unterscheidung sowie die wirtschaftlichen Folgen der unfreiwilligen Benachteiligungen strikt ab. Gerade in diesem Punkt erschließt sich die gesellschaftliche Bedeutung der Religionsfreiheit als Bedingung der Demokratie. Das von Riesser verlangte Recht, wonach die Ausübung eines Berufes nicht von der Religion abhängen darf, erweist sich als ein Grundstein für gesellschaftliche Teilhabe.

Riessers Argumentation erhielt weitverbreitete Anerkennung unter Christen. Auch der Zuspruch der nichtjüdischen

53 *Helga Krohn, S. 29.*

Bevölkerung ist ein wichtiger Punkt. Die Ideen, die Riesser vertrat – und darin lag wie bei kaum einem anderen der jüdischen Paulskirchenabgeordneten das selbstbewusste Bekenntnis zu einem Judentum, das Riesser als eine gesellschaftlich gestaltende Kraft verstand –, wurden von seinen nichtjüdischen Anhängern begrüßt, ja gewollt! Dies ist ein blinder Fleck in der deutschen Demokratiegeschichte, der die politische Errungenschaft dieser Generation nicht klar werden lässt. Die Paulskirchenmehrheit teilte mit Riesser ein staatsbürgerliches Verständnis von der Zugehörigkeit zu Deutschland – ein Faktum, vor dem die heutige Betrachtung allzu sehr zurückweicht. Das mag verständlich angesichts der nachfolgenden deutschen Geschichte sein, ist aber unverzeihlich, wenn es um die Herausbildung eines Narrativs deutscher Demokratiegeschichte geht. Riesser war deutscher Patriot in dem politischen Sinn, welcher ein Jahrhundert später das NS-Regime vernichtete:

> „Biete mir mit der einen Hand die Emancipation, auf die alle meine innigsten Wünsche gerichtet sind, mit der anderen die Verwirklichung des schönen Traumes von der politischen Einheit Deutschland mit seiner politischen Freiheit verknüpft, ich würde ohne Bedenken die letztere wählen, denn ich habe die feste, tiefste Überzeugung, daß in ihr auch jene enthalten ist.“[54]

Es wäre zutiefst schändlich, neben den Leistungen jüdischer Protagonisten die nichtjüdischen Deutschen zu ignorieren, die dafür sorgten, dass Männer wie Riesser ins Paulskirchenparlament einziehen konnten. Im Mai 1848 wurde er in dem neben Hamburg gelegenen Wahlkreis Herzogtum Lauenburg (heute Schleswig-Holstein) zum Abgeordneten der Frankfurter Nationalversammlung gewählt. Interessanterweise verbot das Ortsrecht bis dahin noch, dass Juden in diesem Herzogtum woh-

---

54 Gabriel Riesser, „Bemerkungen über die Verhandlungen der badischen Ständeversammlung über die Emanzipation der Juden im Jahr 1833“, in „Der Jude“, 1835, zit. nach Helga Krohn, S. 49.

nen durften. Immerhin ließ Lauenburg sich nun von einem politisch engagierten Juden vertreten. So groß war die Diskrepanz, so viel war im Wandel.[55]

Gabriel Riesser muss mit allem, was er einbrachte, zweifelsohne zu den Vätern der Demokratie in Deutschland gezählt werden. Dennoch tut sich hier eine Ambivalenz auf. Trotz seines Glaubens an die Macht des Rechts äußerte sich Riesser zu den Forderungen einer umfassenden Demokratie zurückhaltend. Auch lehnte er revolutionäre Umstürze ab, was der Grundhaltung des Paulskirchenparlaments entsprach. Das hing mit den antisemitischen Krawallen zusammen, die Riesser selbst erlebt hatte. In einer schriftlichen und öffentlichen Auseinandersetzung mit Ludwig Börne, der in Paris im Exil lebte, lehnte Riesser es ab, Gleichberechtigung durch Gewalt zu erreichen. Ihm graute vor einer „Anarchie der Massen", die zu Pogromen führen könnte, wie die Hep-Hep-Krawalle von 1819 gezeigt hatten. Auch äußerte er sich kritisch zur sehr viel radikaleren Badischen Revolution, wenngleich sie von seinem Studienfreund Gustav von Struve und von Friedrich Hecker, beide Rechtsanwälte in Mannheim, angeführt wurde. In der ersten Hälfte der 1830er Jahre gab es in den Straßen von Hamburg immer wieder Angriffe gegen Juden mit mehreren Toten. Der Senat ging kaum dagegen vor. Bei einem Vorfall war Riesser selbst betroffen, als er aus einem in der Stadt beliebten Café verwiesen und ihm Prügel angedroht wurden. Er hatte zuvor dagegen protestiert, dass Juden in dem Café höhere Preise zu zahlen hatten.

Riessers umsichtige und wohlüberlegte Grundeinstellung machte ihn zu einem gemäßigten Liberalen, der auf eine

55 *Die Wahlmodi waren in den unterschiedlichen Gebieten Deutschlands teilweise verschieden. Im Herzogtum Lauenburg wurde indirekt über Wahlmänner gewählt. Riesser erhielt bei einem Gegenkandidaten, ein Justizrat, 64 zu 34 Stimmen. Insbesondere die evangelische Geistlichkeit sprach sich gegen Riesser als Jude aus. Siehe Uwe Barschel, „Gabriel Rießer als Abgeordneter des Herzogtums Lauenburg in der Frankfurter Paulskirche 1848/49", Neumünster 1987, S. 28.*

konstitutionelle Monarchie, ähnlich wie in England, hoffte. So führte er die Delegation an, die 1849 König Wilhelm IV. von Preußen die erste gesamtdeutsche Verfassung präsentierte und ihn zum Kaiser über das geeinte Deutschland machen wollte. Bekanntlich lehnte Wilhelm IV. das Ansinnen ab, was die Initiative und damit das Paulskirchenparlament insgesamt zum Scheitern brachte. Aber das war nicht der Schlusspunkt. Die Paulskirchenverfassung überlebte die Abgründe der deutschen Geschichte und lebt heute in den Grundrechten des Grundgesetzes weiter.

LITERATUR ZU GABRIEL RIESSER

Uwe Barschel, „Gabriel Rießer als Abgeordneter des Herzogtums Lauenburg in der Frankfurter Paulskirche 1848/49“, Karl Wachholtz Verlag, Neumünster 1987.

Arno Herzig, „Gabriel Riesser“, Ellert & Richter Verlag, Hamburg 2008.

Uri R. Kaufmann, „Ein jüdischer Deutscher: Der Kampf des jungen Gabriel Riesser für die Gleichberechtigung der Juden 1830–1848“, in „Aschkenas – Zeitschrift für Geschichte und Kultur der Juden“, Heft 1, Sonderdruck, Max Niemeyer Verlag, Tübingen 2003.

Franz Kobler (Hg.), „Juden und Judentum in deutschen Briefen aus drei Jahrhunderten“, Saturn-Verlag, Wien 1935.

Helga Krohn, „Dem Streiter für Recht und Freiheit“. Gabriel Riesser zum 200. Geburtstag, Begleitbuch zur gemeinsamen Ausstellung des Jüdischen Museums Frankfurt am Main, der Universitätsbibliothek Frankfurt am Main und der Frankfurt Loge B’nai B’rith in der Paulskirche zu Frankfurt am Main, 11. Juni bis 9. Juli 2006, hg. v. Jüdischen Museum der Stadt Frankfurt am Main.

Michael A. Meyer, „Antwort auf die Moderne. Geschichte der Reformbewegung im Judentum“, Böhlau, Wien/Köln/Weimar 2000 (1988).

Gabriel Riesser, „Ausgewählte Werke“, herausgegeben von Uri R. Kaufmann und Jobst Paul, Reihe „Deutsch-Jüdische Autoren des 19. Jahrhunderts, Schriften zu Staat, Nation, Gesellschaft“, Böhlau, Wien/Köln/Weimar 2012.

Rudolf Schay, „Juden in der deutschen Politik“, Welt-Verlag, Berlin 1929.

Julius H. Schoeps, „Im Kampf um die Freiheit. Preußens Juden im Vormärz und in der Revolution von 1848“, Europäische Verlagsanstalt, Hamburg 2022.

Heinrich Scholler (Hg.), „Die Grundrechtsdiskussion in der Paulskirche“, eine Dokumentation, Wissenschaftliche Buchgesellschaft, Darmstadt 1973.

Simon Schwarzfuchs, „A Concise History of the Rabbinate“, Blackwell, Oxford 1993.

Franz Wigard (Hg.), „Stenographfischer Bericht über die Verhandlungen der deutschen constituierenden Nationalversammlung“, Bd. 3, Frankfurt am Main 1848, S. 1754–57.

„NUR WER DIE FREIHEIT ANDERER ACHTET, IST SELBER DER FREIHEIT WERT."

JOHANN JACOBY – RADIKALDEMOKRAT, MUTIGER STREITER FÜR MENSCHRECHTE, VORDENKER EUROPAS

L. Joseph Heid

DIE SITUATION DER JUDEN 1848

Der Deutsche Bund war Anfang des 19. Jahrhunderts eine Gesellschaft im Übergang, teilweise noch in ständischen Strukturen verhaftet. Seit den 1840er Jahren hatte sich die Situation im Bund zu einer komplexen Krise zugespitzt. In der Bevölkerung rumorte es. Aber nicht nur in den deutschen Landen. Die gesellschaftlichen Krisen, ausgehend von den revolutionären Umbrüchen in Frankreich, entluden sich auch in anderen Teilen Europas in Revolutionen. In Deutschland waren es Liberale, (Radikal-)Demokraten und Frühsozialisten, die immer hörbarer auf politische Reformen drängten und die Ausweitung gesellschaftlicher Partizipationsrechte forderten. Die revolutionäre Stimmung, die von Frankreich aus über ganz Deutschland übergriff und sich zu Barrikadenkämpfen auswuchs, gipfelte in den „Märzforderungen", die am 27. Februar 1848 auf einer Volksversammlung in Mannheim formuliert wurden. Diese überwiegend vom Bürgertum gestützte „Institutionen-Revolution" sollte vor allem zwei Ziele erreichen: die Ausweitung der Bürgerrechte und die Schaffung eines geeinten Deutschlands.

Am 18. März 1848 schien in Berlin die Revolution gesiegt zu haben. Bei den Straßenkämpfen standen zahlreiche Juden Schulter an Schulter mit Handwerkern und Arbeitern. Von den 230 Gefallenen, die die Aufständischen beklagten, waren nicht weniger als 21 Juden, also neun Prozent, obwohl der Anteil der jüdischen Bevölkerung in der preußischen Hauptstadt kaum zwei Prozent betrug. Überrascht und in dem Bemühen, die revolutionären Exzesse einzuhegen, beriefen die Landesfürsten liberale „Märzministerien“, die den Forderungen nach Reformen entgegenkommen sollten. Bereits am 18. Mai 1848 trat in der Frankfurter Paulskirche eine verfassungsgebende Nationalversammlung zusammen. Und damit waren drei Problemkreise moderner deutscher Demokratiegeschichte ins Zentrum lang andauernder politischer Auseinandersetzung gerückt – die nationale Frage, die soziale Frage und die Frage nach dem Umfang bürgerlicher Rechte, womit zugleich die ureigenen Ansprüche der Juden auf die politische Agenda gelangt waren.

Von jüdischer Seite erwartete man sich von den revolutionären Errungenschaften einen Emanzipationsschub. Und als ab Juni 1848 in der Paulskirche über die konsequente Umsetzung der Gleichheit vor dem Gesetz verhandelt wurde, lief die Debatte auch auf die rechtliche Gleichstellung der Juden hinaus. In diesem Sinne schlug der Verfassungsausschuss dem Plenum im August 1848 eine Formulierung als Gesetzestext vor, wodurch bürgerliche und staatsbürgerliche Rechte durch ein religiöses Bekenntnis weder bedingt noch beschränkt werden dürften. Dass in dieser Formulierung die Emanzipation der Juden nicht expressis verbis erwähnt wurde, tat dem Fortschrittsgedanken keinen Abbruch.

Dabei darf nicht übersehen werden, dass die Märzereignisse zugleich eine Hochphase antijüdischer Ausschreitungen waren, in denen Auswüchse eines modernen Antisemitismus aufschienen. Beträchtliche Teile der deutschen Nationalbewegung waren im Gefolge des pogromistischen Hep-Hep-Jahres von 1819 und der Revolutionen von 1830 bis 1832 antijüdisch geprägt. Über 85 Anschläge gab es im Jahr 1848 allein in deutschen Ländern. Über 80 antijüdische Druckschriften heizten in dieser Zeit den Judenhass an. Antijüdische Tumulte im Kontext der 1848er Revolutionen erschütterten die jüdische Bevölkerung in Baden, Württemberg und Bayern, in Hessen und im Elsass.[1] Trotz der antijüdischen Ausschreitungen in den Märztagen 1848 hatte sich mit dem Zusammentritt der Paulskirchenversammlung in Frankfurt der bestimmende Diskurs in Deutschland zugunsten der jüdischen Minderheit gewendet. So schien es jedenfalls.

Als Angehörige einer diskriminierten Minderheit und des politisch unmündigen Bürgertums hatten Juden doppelten Anlass, zu den bestehenden politischen Verhältnissen in Opposition zu gehen. Für die Juden waren vor allem drei Forderungen an die Revolution von 1848 von besonderer Wichtigkeit: 1) die vollständige Religions-, Gewissens- und Lehrfreiheit; 2) das Staatsbürgerrecht; 3) die Abschaffung der Vorrechte. Kurz: Juden begrüßten die revolutionäre Erhebung, weil sie in ihr die Voraussetzung für ihre eigene Emanzipation erblickten. Es ging ihnen um die Gleichberechtigung ihrer Glaubensgemeinschaft, um staatsbürgerliche Rechte als Juden.

Doch es ging um mehr: Die zur Emanzipation Strebenden glaubten an eine natürliche Weggemeinschaft der Juden mit den deutschen Liberalen. Die Emanzipationswilligen forderten eine bürgerlich rechtliche Gleichstellung, die nicht zugleich einen Übertritt zum Christentum miteinbegriff. Zusammen mit dem sich herausbildenden liberalen und modern-orthodoxen Judentum lässt sich darum in dieser Zeit auch von einer Neupositionierung des Judentums sprechen – ein kreatives, unangepasstes Judentum deutschen Zuschnitts. Dieser Integrationswunsch und -wille schlug sich u. a. in der Gottesdienstordnung oder der Predigt in der Landessprache nieder. Theologische Neuerungen und Reformtendenzen zeichneten sich in der Folge ab: eine nationale Bindung an den Staat,

1 *Werner Bergmann, „Tumulte, Excesse, Pogrome. Kollektive Gewalt gegen Juden in Europa 1789–1900", Göttingen 2020.*

in dem man lebte, eine Neufassung der messianischen Hoffnung ohne die Rückkehr in das Land der Vorväter sowie eine Spiritualisierung und ethische Akzentuierung der Religiosität, verbunden mit einer deutlichen Neigung zum aufklärerischen Rationalismus.

Gleichwohl verhielt sich die orthodoxe Mehrheit der Juden bis 1848 noch politisch abstinent und nahm gegenüber den Landesherren weiterhin eine untertänige, loyal-konservative Haltung ein. In diese Debatte tauchten unterschiedliche Programmworte auf, die von „Annäherung", „Anpassung" bis „Amalgamierung" reichten. Der Vertreter der Neuorthodoxie, Samson Raphael Hirsch, gebrauchte und prägte den Begriff „Anbürgerung". Damit wies er diesem Vorgang einen Platz auf der ausschließlich bürgerlich-politischen Ebene zu. Die Einordnung der Juden in das Leben ihrer Umwelt, als einzelne wie als Gruppe, hing jedoch weniger vom Willen der Juden zur „Assimilation" ab als von der Bereitschaft der Umwelt, die Juden in ihrem Selbstverständnis zu akzeptieren, ohne ihre Selbstaufgabe zu verlangen, mit anderen Worten – Integration.

Die Forderung nach Abschaffung der traditionellen Privilegien bedeutete, dass Juden nunmehr in Handwerk, Gewerbe und Landwirtschaft, in akademischen Berufen und im Staatsdienst ebenso tätig sein konnten wie die übrige Bevölkerung. Damit war die Ungleichheit vor dem Gesetz aufgehoben – auf dem Papier. Eine vollständige Religions-, Gewissens- und Lehrfreiheit hätte auch die geistige Unsicherheit der Juden überwunden, die sich immer als gleichwertig beweisen mussten. Aus solchen Überlegungen heraus wurde die Judenemanzipation der 1848er Zeit integraler Bestandteil auch der nichtjüdischen liberalen Bewegung zur Erlangung der Demokratie. Nicht „Rechte und Freiheiten" hatte der auch politisch tätige Leopold Zunz, Begründer der „Wissenschaft des Judentums", für die Juden gefordert, sondern „Recht und Freiheit". Noch im Jahr 1834 musste Zunz beim preußischen Minister für Erziehung eine Sondererlaubnis erbitten, um als Jude eine öffentliche Vorlesung halten zu dürfen. Die Erlaubnis wurde ihm mit der Auflage erteilt, dass der Beginn der Vorträge der Polizei mitzuteilen sei.

Wenn auch die Mehrheit der Unternehmer und Bankiers eher die Erhaltung der bestehenden Verhältnisse wünschte, so gab es doch nicht wenige jüdische Politiker, die im Jahr 1848 auf der Seite der Revolution standen. Einige von ihnen wurden in die Frankfurter Nationalversammlung oder in die preußische Konstituante gewählt. Neben Gabriel Riesser[2] war dies der Königsberger Arzt und radikale Demokrat Johann Jacoby,[3] der aus dieser Gruppe herausragte. Beide Männer sahen, wie die meisten politisch aktiven Juden, die Frage der Judenemanzipation als Teilfrage der Emanzipation des Bürgertums im Streben nach einem nationalen Verfassungsstaat an. Als Vorkämpfer für die Emanzipation der Juden setzten sie den Verhinderungsstrategien der Emanzipationsgegner eine klare Position entgegen – gleiche Rechte, gleiche Pflichten.

Mit Riesser verband Jacoby eine Geistesverwandtschaft, lange bevor beide ins Paulskirchenparlament einzogen. An Riesser schrieb Jacoby im September 1831 folgende Zeilen, in denen seine zukünftige Haltung aufscheint:

> „Als Jude geboren und aus ernster Überzeugung an der Lehre meiner Religion festhaltend, hatte ich schon früh mit mannigfachen gesellschaftlichen und bürgerlichen Mißverhältnissen zu kämpfen; durch ein empörendes Vorurteil Andersglaubender sah ich mein Streben oftmals gehemmt, meine schönsten Hoffnungen

2 *Gabriel Riesser hatte schon zu Lebzeiten eine Reihe Biographen wie u. a. Berthold Auerbach, Meyer Isler, Karl Wippermann oder Michael Silberstein. Für das 20. Jahrhundert seien u. a. genannt: Fritz Friedländer, Moshe Zimmermann, Uwe Barschel, Arno Herzig und Julius H. Schoeps, zuletzt: Abraham de Wolf, „Der jüdische Horizont der Religionsfreiheit in Deutschland", in „Machloket/Streitschriften", hg. v. Elisa Klapheck, Bd. 5, Berlin/Leipzig 2020, S. 46–71. Siehe auch S. 60–61.*

3 *Auch zu Johann Jacoby gibt es eine umfangreiche biographische Literatur. Genannt seien u. a. Moritz Brasch, Gustav Mayer, Hans Rothfels, Edmund Silberner, Walter Grab oder Bernt Engelmann. Siehe ferner S. 91–92.*

> zerstört und mich überall in den Ansprüchen, die jeder an das Leben zu machen berechtigt ist, gekränkt und beeinträchtigt."[4]

Jacobys Entschluss, sich der Politik zuzuwenden, speiste sich aus dem Gefühl sittlicher Empörung über erlittene Zurücksetzungen und Erfahrungen, die Juden ganz allgemein erlebten.

JÜDISCHE PARLAMENTARIER

Mit dem Revolutionsjahr 1848 traten Juden in Deutschland in das parlamentarische Leben ein. Der Historiker Jacob Toury hat errechnet, dass 1848 – zum ersten Mal hatten Juden bei der Wahl zur Frankfurter Nationalversammlung das uneingeschränkte aktive und passive Wahlrecht – etwa 750 deutsche Juden in verschiedenen politischen Organisationen tätig waren, und zwar als Mitglieder von Parlamenten, Landtagen, Stadtverordnetenversammlungen, Wahlmännerkollegien, Vereinen und Klubs.[5] Die Juden bildeten jedoch keine monolithische Gruppe festumrissener politischer Gesinnung, sondern handelten ebenso ihren Gesellschaftsinteressen entsprechend wie die übrige Bevölkerung. Alle Schattierungen des politischen Spektrums waren unter ihnen vertreten. Die überwiegende Mehrheit, die aufstiegsorientiert war und sich ins deutsche Bürgertum einzuordnen suchte, neigte zum gemäßigten konstitutionellen Liberalismus. Es gab aber auch Konservative, die ihre Loyalität zum Herrscherhaus unter Beweis stellten. Am anderen Ende des sozialen und weltanschaulichen Spektrums befanden sich radikale Demokraten und Sozialisten wie der Schriftsetzer Stephan Born, der seine

4 *Johann Jacoby an Gabriel Riesser, 29. September 1832, in „Johann Jacoby-Briefwechsel 1816–1849", hg. u. erl. v. Edmund Silberner, Bonn 1978, S. 43f.*

5 *Jacob Toury, „Die politischen Orientierungen der Juden in Deutschland. Von Jena bis Weimar", Tübingen 1966, S. 1–16.*

Hauptaufgabe im Kampf für die Emanzipation der Arbeiterschaft sah.

Allein unter den 586 Abgeordneten der Frankfurter Paulskirche, der ersten demokratisch gewählten Volksvertretung Deutschlands, befanden sich 15 Männer jüdischer Herkunft. Davon bekannten sich sechs zum Judentum, während die anderen getauft waren. Die Mehrheit dieser Parlamentarier, nämlich elf, waren der radikalen und gemäßigten Linken sowie dem linken Zentrum zuzurechnen. Johann Jacoby gehörte zum linken Spektrum der Paulskirchenabgeordneten. Politische Parteien gab es zu dieser Zeit noch nicht und so benannten sich die Abgeordneten nach dem jeweiligen Tagungslokal, in dem sie sich trafen. Jacobys „Fraktion" war der „Deutsche Hof". Drei jüdische Abgeordnete waren Mitglieder der kleindeutschen „Casino-Partei", die nach rechts tendierte, und zwei stimmten mit den Konservativen.[6] Unbekümmert um Vorurteile und Gehässigkeiten wählte die Versammlung zwei Abgeordnete jüdischer Herkunft, darunter *den* Wortführer der jüdischen Emanzipation, zu Vertretern des Parlamentspräsidenten – Gabriel Riesser sowie Eduard von Simson, der ebenfalls aus einer jüdischen Familie stammte, aber getauft war.

Tatsächlich bewirkte das revolutionäre Sturmjahr 1848 einen grundlegen Wandel im Selbstbewusstsein der deutschen Juden, hierzu gehörte auch die Entwicklung der jüdischen Religion zu einem individuellen mosaischen Konfessionalismus.[7] Der Magdeburger Rabbiner Ludwig Philippson, der die *Allgemeine Zeitung des Judentums* herausgab, hoffte, dass die Gesellschaft alle überkommenen Vorrechte beseitigen und auch die Scheidewände niederreißen würde, die die Juden bisher von der Bevölkerungsmehrheit trennten.

6 *Wolfgang Häusler, „Die Revolution von 1848 und die österreichischen Juden. Eine Dokumentation", in „Studia Austria", Bd. 1, Wien 1974, S. 40.*

7 *Jacob Toury, S. 47–85.*

> „Wir sind und wollen nur Deutsche sein! Wir haben und wünschen kein anderes Vaterland als das deutsche! Nur dem Glauben nach sind wir Israeliten, in allem Übrigen gehören wir aufs Innigste dem Staat an, in welchem wir leben“,

erklärte er apodiktisch.[8] Philippson suchte zu zeigen, dass die biblischen Gesetze mit der liberalen Demokratie übereinstimmten. Er fand im altjüdischen Staat die Freiheit des Individuums: Wegfall der Standesunterschiede, allgemeine Wehrpflicht, Rechtsgleichheit und lokale Selbstverwaltung. Die Juden seien also durch ihr uraltes Erbe auf die moderne Demokratie gut vorbereitet.[9] Der als stellvertretender Abgeordneter ins Paulskirchenparlament gewählte Rabbiner betonte, dass nur die aktive Teilnahme an den revolutionären und parlamentarischen Gremien die Emanzipation sichern und vollenden könnte:

> „Wo die Revolution sich zur Anerkennung gebracht hat, ist die Gleichstellung der Juden sofort erfolgt, [...] wo hingegen die Revolution nur halb durchdrungen, blieb auch die Anerkennung des Prinzips in suspenso.“[10]

Für den Herausgeber der jüdisch-aufklärerischen Wochenzeitschrift *Der Orient* und das Mitglied des Vorparlaments 1848, Julius Fürst, stand fest, dass der Jude mit der Demokratie stehe oder falle. In seiner Zeitschrift stellte er hinsichtlich der Emanzipationsdebatte hellsichtig fest, dass man nur auf den Sieg der Revolution setzen könne. Dabei ginge es um das „heilige Menschenrecht“, und wie immer werde der Jude das erste Opfer werden, das man dem Volke sonst als Ersatz für die geraubten Rechte hinwerfen werde. Noch stehe die Emanzipation nicht so fest. Er traute den Behörden und den

8 *„Allgemeine Zeitung des Judentums“ (12), 27. März 1848, S. 210.*

9 *Johanna Philippson, „Ludwig Philippson und die Allgemeine Zeitung des Judentums“, in Hans Liebeschütz u. Arnold Paucker (Hg.), „Das Judentum in der deutschen Umwelt 1800–1850. Studien zur Frühgeschichte der Emanzipation“, Tübingen 1977, S. 243–291, hier S. 279 f.*

10 *„Allgemeine Zeitung des Judentums“ (12), 17. April 1848, S. 254.*

Regierungen nicht über den Weg. Auch das die Freiheit nicht gewohnte Volk könne sich nicht mit der Idee einer völligen Gleichstellung aller Bekenntnisse, mit dem Gedanken völliger Glaubensfreiheit anfreunden: „Die Emanzipation ist bei uns ein Vermächtnis der Revolution, und mit dieser wird wahrscheinlich auch die Emanzipation besiegt“. Fürst forderte die Juden auf:

> „Israel, sei thätig! Schlafe und schlummre nicht! Indem du für die freieren Institutionen Germaniens heiß mitringst und mitkämpfst, indem du mit deinem Herzblut in hinreißender Begeisterung für freie Gestaltung Deutschland thätig bist, vergiß auch nicht der Ghetti's deiner Glaubensbrüder, welche mehr unser deutsches Vaterland als Israel entehren; vergiß nicht auf gesetzlichem Wege gegen die Sklavengesetze anzukämpfen, unter welchen Hunderttausende deiner Brüder seufzen […].“[11]

Diese Voraussage traf Fürst nach dem reaktionären Staatsstreich des Grafen von Brandenburg, der im November 1848 vom König zum Ministerpräsidenten ernannt worden war und die gewählte Nationalversammlung in Berlin vom Militär hatte auseinanderjagen lassen. Die ganze Paulskirchenverfassung sollte nicht zuletzt an der Weigerung des Königs von Preußen, die ihm angetragene Kaiserkrone anzunehmen, weil sie ihm mit dem „Ludergeruch der Revolution“ behaftet zu sein schien, scheitern. Am 5. Dezember 1848 gab Friedrich Wilhelm IV. dem preußischen Staat eine Verfassung, die, da vom König selbst auferlegt, als „oktroyierte“ Verfassung in die Geschichte einging. Mit seiner Verfassung unternahm der König den Versuch, die bürgerliche Revolution mit einer Verfassung zu unterlaufen, die für damalige Verhältnisse einigermaßen erträglich erschien.

11 *„Der Orient“ 1848 (9), Heft 11, 11. März 1848, S. 82. Siehe auch Jacob Toury, S. 70.*

JOHANN JACOBY UND DIE „POLENFRAGE“

Johann Jacoby, der „Weise von Königsberg“, gehörte zu den markantesten Vorkämpfern des gesellschaftlichen und politischen Fortschritts im 19. Jahrhundert. Zudem wurde er zum profiliertesten Wortführer der Linken in der preußischen Nationalversammlung 1848/49. In den 1860er Jahren wird er gegen die Machtpolitik Bismarcks kämpfen, gegen jedwede Hegemonialansprüche Preußen-Deutschlands protestieren und all das andere. Zurecht rühmt sein Biograph Edmund Silberner Johann Jacoby als „Vater der deutschen Demokratie“[12].

Johann Jacoby wird 1805 als Sohn eines kleinen Kaufmanns im damaligen Königsberg geboren. Als er sieben Jahre alt ist, wird das Emanzipationsedikt für die preußischen Juden erlassen, das ihnen weitgehende Gleichberechtigung gewährt. In seiner Heimatstadt studiert er Medizin, promoviert mit einer Arbeit zum *Delirium tremens – Komplikationen beim Alkoholentzug*, und lässt sich 1827 in Königsberg als praktischer Arzt nieder. Jacoby ist vielseitig wissenschaftlich interessiert, vor allem an Philosophie. Sein wissenschaftliches Werk bewegt sich thematisch im Grenzbereich von Medizin und Philosophie und er sucht nach einem Gesetz, nach dem sich Denken und Handeln vollziehen – eine Art Weltformel für das Verhalten des Menschen. In diesen allen entscheidenden Fragen basieren seine Ideen auf der Philosophie Baruch Spinozas.

Jacoby wird zu einem der wenigen Politiker in Deutschland, dessen politisches Bewusstsein von vornherein die Befreiung Polens in den demokratischen Kampf einbezieht. Indem er bei einer anderen unterdrückten Bevölkerung den Drang, eine freie Nation zu werden, unterstützt, erweist er sich als Vordenker der europäischen Idee. Motiviert durch die

12 *„Briefwechsel“, hg. v. Edmund Silberner, S. 9; sowie Silberner, „Johann Jacoby. Politiker und Mensch“, Bonn-Bad Godesberg 1976, S. 9.*

französischen Revolutionäre des Epochenjahres 1789 und die Julirevolution von 1830 in Frankreich, deren Losung gleichermaßen zum Schibboleth der Juden wird, stellt sich Jacoby 1830 auf die Seite der polnischen Aufstandsbewegung und tritt für die polnische Unabhängigkeit ein. Als die polnische Erhebung gegen die zaristische Unterdrückung ausbricht, ergreift er für die Aufständischen Partei. Jacoby erkennt, dass die Befreiung Polens von fremder Unterdrückung Prüfstein aller nationalen Emanzipationsbewegungen Europas ist, und fordert die preußische Regierung auf, die Forderungen der polnischen Freiheitskämpfer zu unterstützen und einen selbständigen polnischen Staat wieder zu errichten. Seine polenfreundlichen Anträge sind die Hauptursache dafür, dass er später zunächst nicht als Abgeordneter Königbergs in die Paulskirche einziehen wird.

Im Frühjahr 1831 begibt er sich nach Polen, um den ostpreußischen Behörden über die dort ausgebrochene Choleraepidemie Bericht zu erstatten. Er nimmt die Gelegenheit wahr, den polnischen Insurgenten ärztliche Dienste zu leisten. Mit diesem Engagement, das weit über seine ursprüngliche Aufgabe hinausgeht, stellt der junge Arzt seinen Mut sowie seine Solidarität mit den Unterdrückten anderer Nationen unter Beweis. Jacobys ärztlicher Einsatz wird in Königsberg zwar gewürdigt, gleichwohl soll der preußische Oberpräsident, Theodor von Schön, geäußert haben: „Ich werde auch nach Berlin darüber berichten, aber einen Orden, eine Auszeichnung, wissen Sie, können Sie nicht bekommen. Sie sind Jude.“[13] Eine solche Abfuhr, die ihm der durchaus gewogene Präsident seiner Religion wegen erteilt, erscheint Jacoby empörend ungerecht. Dergleichen Verhalten bestärkt Jacoby nur noch darin, am Judentum, mit dem er sich religiös kaum noch ver-

13 *Edmund Silberner, „Johann Jacoby. Politiker und Mensch“, in „Veröffentlichungen des Instituts für Sozialgeschichte“, Bonn-Bad Godesberg 1976, S. 41.*

bunden fühlt, festzuhalten und sich an den reformerischen Aktivitäten seiner Königsberger Gemeinde zu beteiligen.

Ein wichtiges Motiv von Jacobys Auflehnung gegen das autoritäre Herrschaftssystem der Restaurationsepoche ist der Schmerz über die Benachteiligung der Juden. Außer Jacoby hat sich ein weiterer jüdischer Arzt aus Deutschland die Sache der Polen zu seiner eigenen gemacht und ist ins Aufstandsgebiet geeilt, um den Freiheitskämpfern medizinische Hilfe zu bringen – Leopold Eichelberg aus Marburg, dem der herrschende Judenhass ebenfalls die akademische Laufbahn verwehrt hatte. Mehr und mehr entwickelt sich Jacoby zum Verfechter der menschlichen Freiheit überhaupt. Daraus erwächst zunächst sein Bekenntnis zum demokratischen Radikalismus und später zum Sozialismus.

Als Jude hat Jacoby neben der allgemeinen Unfreiheit auch unter den Vorurteilen seiner Mitmenschen zu leiden. Hochschul-, Militär-, und Beamtenlaufbahn sind den Juden trotz theoretischer Gleichstellung verwehrt. Jacoby hat also ein doppeltes Interesse an Emanzipation und Mitbestimmung – nicht als Gnade, sondern als Recht:

> „Wie ich selbst Jude und Deutscher zugleich bin, so kann in mir der Jude nicht frei werden ohne den Deutschen und der Deutsche nicht ohne den Juden…“[14]

Mit dieser Aussage hat er seine Grundhaltung trefflich beschrieben, eine Haltung, von der er niemals abweichen wird – die vollkommene Synthese zwischen seinem Judentum und seinem Deutschtum. Die Identität des deutschen und des jüdischen Weges in die Freiheit ist für ihn die Voraussetzung des politischen Kampfes. Das führt ihn in letzter Konsequenz zum Universalismus und zum Ideal eines sozialen Menschentums.[15] Jacoby gelangt zu der Erkenntnis, dass die Juden ihre

14 *Johann Jacoby an Alexander Küntzel, 12. Mai 1837, in „Briefwechsel“, hg. v. Edmund Silberner, S.56f. Außerdem Ernest Hamburger, „Juden im öffentlichen Leben Deutschlands“, Tübingen 1968, S. 191.*

15 *Vgl. Jacob Toury, S. 40 f.*

soziale Integration nur in einem gemeinsamen Kampf mit den von den Gewalthabern unterdrückten und entrechteten Unterschichten erringen können.

> „Ein und derselbe Feind [...] hält uns gefangen, und nur allein die Zerstörung des Gefängnisses kann uns zum Ziel führen",

schreibt er an seinen Freund Alexander Küntzel, und weiter:

> „Je schwerer mich die Ketten drücken, desto inniger muß ich die Freiheit für alle wünschen."[16]

Am 10. Juli 1832 schreibt Johann Jacoby einen Brief an Jacob Jacobson, in dem der Schmerz des geächteten Juden, ein wichtiges Motiv seiner Auflehnung gegen das autoritäre Herrschaftssystem der Restaurationsepoche, zum Ausdruck kommt:

> „Mitten unter frohen christlichen Genossen fühlte ich mich oft plötzlich durch ein dunkles Gefühl beklemmt, das meine Brust gewaltsam einengend den kaum aufdämmernden Frohsinn erstickte [...]. Oft habe ich über Ursache und Folgen dieser Erscheinung nachgedacht und gefunden, dass Ähnliches gewiss jedem gebildeten und edler denkenden Juden begegnet, sobald er sich über seine unnatürliche Stellung zur Mitwelt aufrichtige Rechenschaft gibt. Der Gedanke: Du bist ein Jude! Ist eben der Quälgeist, der jede wahre Freude lähmt, jedes sorglose Sichgehenlassen gewaltsam niederdrückt! Durch die Staatsgesetze von äußeren Ehren und so vielen Rechten ausgeschlossen, in der Meinung seiner christlichen Mitbürger niedriger gestellt, fühlt der Jude sich durch fremde Überhebung gedemütigt. [...] Mit bürgerlicher Unfähigkeit geschlagen, sehen wir uns von allen Ehrenstellen, Staatsämtern, selbst von Lehrstühlen ausgeschlossen; nicht einmal Offizier, Torschreiber, Feldmesser, Apotheker, Kalkulator, Briefträger, Sekretär kann der Jude werden. Überall wird er in der Entwicklung seiner Fähigkeiten gehemmt, im ungestörten Genuss der Menschen- und Bürgerrechte gekränkt und überdies

16 *Johann Jacoby an Alexander Küntzel, 12. Mai 1837, in „Briefwechsel", S. 56 f.*

noch – als natürliche Folge hiervon – der allgemeinen Verachtung preisgegeben."[17]

Jacoby lässt hier keinen Zweifel, durch Rede und Tat gegen die bestehende Unterdrückung anzukämpfen, was er als „heilige Pflicht" beschwört, damit endlich der „bejammernswerte Zustand" einer „verächtlich gewordenen Klasse" verbessert werde. Das einzige Mittel hierzu, so Jacoby weiter, sei die Erringung der bürgerlichen Gleichstellung, die „Scheidewand" müsse fallen, die ein „krasses Vorurteil aufgeführt" habe und zur „Schande unseres Jahrhunderts" beitrage.

DEM KÖNIG DIE STIRN BIETEN

Johann Jacoby wird von Zeitgenossen als tiefernster Mann beschrieben, zivilcouragiert, bereit, für seine Überzeugung ins Gefängnis zu gehen und kompromisslos bestrebt, das Reich der Gerechtigkeit auf Erden zu errichten. Sein Kampf geht nicht um Zugeständnisse, sondern um das Recht schlechthin. Diese Grundhaltung mündet in die Synthese von Judentum, Sozialismus und Deutschtum. Ende der 1830er Jahre wird er radikaler Demokrat. Mit der Thronbesteigung des preußischen Königs Friedrich Wilhelm IV. tritt Jacoby schließlich ins politische Rampenlicht: Nachdem sich die Hoffnungen auf eine Liberalisierung unter dem neuen König zerschlagen haben, fordert Jacoby 1841 in der Flugschrift *Vier Fragen beantwortet von einem Ostpreußen* die Einlösung des Verfassungsversprechens Friedrich Wilhelms III., plädiert für eine konstitutionelle Monarchie sowie eine allgemeine Volksvertretung und wird durch das Pamphlet in ganz Deutschland zu einem berühmten Mann. Die *Vier Fragen* haben zündende Wirkung, weil sie, wie Walter Grab analysiert, mit „schneidender Logik und zwingender Macht der Beweisführung"

17 *Johann Jacoby an Jacob Jacobsen, 10. Juli 1832, in „Briefwechsel", S. 38 f.*

die politischen Aspirationen der bürgerlichen Oppositionsbewegung artikulieren und den nationalen Interessen entsprechen.[18] Jacoby betont, dass Preußen nicht eher die seiner „Bildung angemessene Stelle im Gesamtvaterlande erhalten und behaupten“ werde, als die Bedürfnisse, Wünsche und Beschwerden des Volkes durch selbstständige Vertreter unmittelbar zum Thron gelangen könnten.

Wegen der preußischen Zensurbestimmungen veröffentlicht Jacoby seine Broschüre anonym, gibt sich jedoch bald in einem Brief an den preußischen König als Verfasser der *Vier Fragen* zu erkennen.[19] Als Antwort lässt der König Jacoby anklagen und wegen Hochverrats, Majestätsbeleidigung und „frechen, unehrerbietigen Tadels der Landesgesetze“ vor Gericht stellen.[20]

Das Pamphlet ist wohl die erste gedruckte Äußerung eines ungetauften Juden zu den konkreten Fragen der deutschen Tagespolitik, bei denen – wenigstens nach außen hin – das Judentum des Verfassers und die „Judenfrage“ keine besondere Rolle spielen. Dieser Text macht ihn zum maßgeblichen liberalen Theoretiker seiner Zeit, zum „Altmeister der Demokratie“ (Wilhelm Liebknecht).[21]

Jacoby wird nunmehr mit kleinen Schikanen verfolgt. Er wird zunächst zu zweieinhalb Jahren Festungshaft verurteilt, die er jedoch nicht absitzen muss, da er Berufung einlegt. Das Berliner Kammergericht spricht ihn zweimal frei. Die Richter

18 Walter Grab, „Johann Jacobys Briefwechsel im Vormärz und in der Revolution von 1848/49“, in „Internationale wissenschaftliche Korrespondenz zur Geschichte der deutschen Arbeiterbewegung“ (IWK), Berlin 1976, S. 6 f. Auch im Folgenden: Johann Jacoby, „Vier Fragen, beantwortet von einem Ostpreußen“, Mannheim 1841.

19 Johann Jacoby an Friedrich Wilhelm IV., in „Briefwechsel“, S. 102.

20 Walter Grab, „Der deutsch-jüdische Freiheitskämpfer Johann Jacoby“, in „Juden im Vormärz und in der Revolution von 1848“, Internationales Symposium, Februar 1982, hg. v. Walter Grab u. Julius H. Schoeps, Universität Tel Aviv, Institut für deutsche Geschichte, S. 355.

21 Die Redaktion: Johann Jacoby zählt zu den „Altmeistern“ der deutschen Demokratie, 8. Dezember 2005, vorwaerts.de/geschichte/johann-jacoby-zahlt-zu-den-altmeistern-der-deutschen-demokratie (Zugriff 13.04.2024).

stellen in Jacobys Flugschrift keinen Hochverrat fest. Der liberal eingestellte Kammergerichtspräsident begründet den Freispruch damit, dass Jacobys Gesinnung durchaus „Ehrfurcht" gegenüber dem Landesherrn erkennen lasse. Der König findet indes höchst unkönigliche Worte über den Verfasser der Schrift: Im Irrtum über Jacobys Religionszugehörigkeit erklärt er, getaufte Juden nicht zu „seinen" ostpreußischen Untertanen zu rechnen. Zwischen dem König und Israel hätten die „wahrhaft Treuen in Ostpreußen" zu wählen und die „Schmach" gutzumachen, die „die Beschnittenen" Ostpreußen angetan hätten.[22] Das ist selbst dem antisemitischen Historiker Heinrich von Treitschke zu viel: „In solchem Tone bekundet er [Friedrich Wilhelm IV.] seinen Judenhaß", sagt er missbilligend.

Der Prozessausgang ist somit ein gewaltiger Erfolg für Jacoby und gibt der Opposition in ganz Deutschland starken Auftrieb. Der König hat einen Demokraten verklagen lassen – und muss Nachsehen haben. Das entspricht der jüdischen Forderung, wonach auch ein König unter dem Gesetz zu stehen habe.[23] Ein Jude hat dem König die Stirn geboten. Indem man Jacoby mit zustimmenden Zuschriften überhäuft, wird bezeugt, welche Bewunderung und Hochachtung der nunmehr zur Zentralfigur der deutschen Opposition aufgestiegene jüdische Arzt aus Königsberg weit über die preußischen Grenzen hinaus hervorruft. Es ist dies zugleich ein Zeichen gegen Judenhass – ein Zeichen für ein anderes, demokratisches Deutschland, das in Johann Jacoby seine Identifikationsfigur erblickt.

Als infolge der französischen Februarrevolution des Jahres 1848 auch in Deutschland die Throne zu wanken beginnen, glaubt Jacoby, die Stunde der ersehnten Umwälzung sei gekommen. „Endlich wird es Tag in Deutschland", schreibt er

22 Zit. nach Ernest Hamburger, „Juden im öffentlichen Leben Deutschlands", S. 192.
23 Deut. 15, 18–20.

Johann Adam von Itzstein. „Überall erhebt sich das Volk und richtet in seiner eigenen Sache! Der Ruf: Es lebe die Republik! hat auch mir nach jahrelanger Gemütsverstimmung wieder Genesung gebracht". Doch auch im größten Jubel gibt er sich keinen Illusionen hin und betont, dass die etablierten Gewalthaber keineswegs zu freiwilligem Nachgeben gesonnen sind. „Allein der Tag ist noch nicht zu Ende. Das morsche Gebäude der Reaktion ist in den meisten deutschen Landen von dem bloßen Volksschrei zusammengestürzt". Zugleich warnt er, der Freiheit drohe Gefahr, denn die Machthaber wollten mit leeren Versprechungen Zeit gewinnen: „Vorsicht und Misstrauen" tue not.[24]

Am 15. März 1848, drei Tage, bevor die Bürger die Barrikaden errichten, legt Jacoby in einer Versammlung in Königsberg einen Petitionsentwurf an den König vor, in dem er sich gegen das ganze System amtlicher Bevormundung wendet. Eine seiner Forderungen lautet:

> „Schleunige Einführung einer wahren Repräsentation. Verfassung mit gleicher Berechtigung aller Staatsbürger zur Wahl und Wählbarkeit, mit beschließendem Stimmrecht der Volksvertreter."[25]

Die siegreiche Erhebung der Berliner Bevölkerung im März 1848 begrüßt Jacoby überschwänglich. Doch er ist ein pragmatisch denkender Politiker. Trotz seines republikanischen Credos sieht er die objektiven Voraussetzungen für eine deutsche Republik nicht gegeben und ist überzeugt, dass man eine Republik nicht „machen" könne, indem sie einem Volk auf gewaltsame Weise „aufgedrängt" werde. Ein solcher Schritt könne nur zur Anarchie oder Despotie führen:

> „Wie jetzt die Sache steht, bei der geringen politischen Bildung unseres Volkes, bei der deutlich ausgesprochenen Antipathie der Mehrzahl gegen [die] Republik, kann es wohl kaum einem Zwei-

24 *Johann Jacoby an Johann Adam von Itzstein, 15. März 1848, in „Briefwechsel", S. 402.*

25 *Adresse an Friedrich Wilhelm IV., 15. März 1848, in „Briefwechsel", S. 400 f.*

> fel unterliegen, daß die Stärke und Freiheit Deutschlands, die wir ja alle herbeiführen wollen, nur auf dem Wege der demokratisch-konstitutionellen Monarchie zu erzielen ist."[26]

1848 gehört Jacoby mit neun anderen Juden zum Vorparlament und ist der einzige Jude im „Fünfzigerausschuss"[27]. In das Paulskirchenparlament wird er zunächst nicht gewählt, da er für die Abtretung Posens an einen noch zu schaffenden polnischen Staat eintrat und sich so der nationalistischen Agitation ausgesetzt hatte. Nicht nur die führenden Liberalen, sondern auch die offen reaktionären Kreise, die ihn wegen seines Judentums, seiner demokratischen Parteinahme und seiner polenfreundlichen Haltung hassen, negieren sein Eintreten für ein selbstständiges Polen. Polens politische und staatliche Unabhängigkeit ist für Jacoby jedoch nur eine Frage der Zeit. Er sieht die „Polenfrage" unter nationalen Aspekten, den tradierten, durch die Katholische Kirche verstärkten, virulenten polnischen Antisemitismus stellt er als Folge der Teilungen der Länder hintan.

Stattdessen wird Jacoby für einen Berliner Wahlkreis in die Preußische Nationalversammlung gewählt. Hier ist er Wortführer der Linken. Er kämpft für ein Bündnis der beiden rechtlosen Klassen, des Bürgertums und der Arbeiterschaft, und tritt für eine allgemeine Volksbewaffnung ein, um sich dem Ansturm der reaktionären Kräfte zu widersetzen. In einer Rede am 12. September 1848 sagt er voraus, dass die preußische Reaktionspartei das vom Geist der Neuzeit bewahrte Militär als Werkzeug benutzen werde, um die Revolution niederzuschlagen. Die einzige Garantie der bürgerlichen Frei-

26 *Johann Jacoby an Simon Meyerowitz, 13. April 1848, in „Briefwechsel", S. 421 f.*

27 *Der „Fünfzigerausschuss" war ein Gremium, das in der Märzrevolution vom Vorparlament eingesetzt worden war. Das Vorparlament endete am 4. April 1848 und die Nationalversammlung trat am 18. Mai 1848 erstmals zusammen. Für die Zwischenzeit diente der Fünfzigerausschuss als revolutionäres Organ.*

heit sei eine allgemeine Volksbewaffnung.[28] Jacobys Mahnung bleibt unerhört, die Versammlungsmehrheit lehnt seinen Antrag ab, weil sie befürchtet, die Bewaffnung der unteren Volksschichten könne sich gegen die Besitzenden richten. Jacoby behält recht: Im Oktober 1848 sieht der König die Zeit gekommen, die preußische Versammlung mit Waffengewalt auseinanderzujagen.

Zweimal steht Jacoby dem preußischen König gegenüber: das erste Mal, als Friedrich Wilhelm IV. am 2. November 1848 das Signal zum konterrevolutionären Staatsstreich gegeben hat. Am selben Tag trifft eine parlamentarische Delegation der Preußischen Nationalversammlung mit Jacoby in Potsdam ein, um dem König eine Bittschrift zu übergeben. Darin wird darum gebeten, die Ernennung des erzreaktionären Grafen Brandenburg zum Ministerpräsidenten zurückzunehmen. Jacoby tritt mit den couragierten Worten vor: „Wir sind nicht bloß hierhergesandt, um Eurer Majestät eine Adresse zu überreichen, sondern um über die wahre Lage des Landes Auskunft zu geben." Der König nimmt das Dokument zwar entgegen, doch macht er keine Anstalten, den angereisten Abgeordneten eine Antwort zu geben und wendet sich zur Tür. Eine Belehrung will der König offensichtlich nicht hinnehmen und zeigt den ausgewählten Parlamentariern nichts als seine unverhüllte Verachtung, indem er ihnen den Rücken zukehrt. Während die Delegierten sich irritiert zurückziehen, will einzig Jacoby diese ehrverletzende Brüskierung, dieses unwürdige Schauspiel gegen gewählte Volksrepräsentanten, nicht hinnehmen, und fragt den Monarchen, ob er die Parlamentarier nicht anhören wolle. Als Friedrich Wilhelm IV. Jacobys Frage verneint, schleudert dieser unter Missachtung der Hofetikette dem König mutig seine eigene Verachtung hinter-

28 *Edmund Silberner, „Johann Jacoby in der Revolution von 1848/49", in „Archiv für Sozialgeschichte", Jg. 10 (1970), S. 202.*

her. „Das ist das Unglück der Könige, dass sie die Wahrheit nicht hören wollen!“

Mit diesem einen Satz wird Jacoby 1848 ein weiteres Mal berühmt. Eine große Volksmenge ehrt ihn in Berlin mit einem Fackelzug für seinen Mut. Manche sehen in ihm einen Propheten. Der Vergleich ist berechtigt, wenn man Erich Fromms Gedanken über den Zusammenhang von Prophetie und Revolution folgt. Der biblische Prophet sei ein Offenbarer der Wahrheit. Aber gleichzeitig war er auch politischer Führer, der tief um das politische Geschehen und die soziale Gerechtigkeit besorgt war. Sein Reich war nie nur ein rein geistiges; es ist stets von *dieser* Welt. Wenn der Mensch sich mit seinen politischen Aktionen auf dem falschen Weg befindet, kann der Prophet nicht umhin, so Erich Fromm, zu protestieren und ein Revolutionär zu sein, um das Überkommene zurückzulassen. Politisches Handeln ist religiöses Handeln. Die Empfindung des Abscheus vor allem erlittenen Unrecht evoziert einen revolutionären Drang nach Weltverbesserung.[29]

Aufgrund dieses Satzes wird Jacoby Mangel an untertäniger Ehrfurcht vorgeworfen – erneut. Die Vorwürfe will er nicht gelten lassen:

> „Was ich getan, es ist nichts weiter als die Pflicht jedes Bürgers, dem das Wohl des Vaterlandes, dem die Freiheit am Herzen liegt. Worte verhallen machtlos an dem Ohre der Könige. Zum Schutz der Freiheit, der blutig errungenen Volkssouveränität bedarf es der kühnen, der tapferen Tat.“[30]

Die Linken in der Nationalversammlung rühmen Jacoby für sein „männliches und würdiges Auftreten“ als Mitglied der „zu des Königs Majestät entsandten“ Deputation und drücken ihm die volle Anerkennung aus:

---

29 *Vgl. dazu die religionsphilosophischen Gedanken in dem Kapitel „Über die Möglichkeit der Revolution“ sowie „Der Mensch als Gestalter seiner Geschichte“ von Erich Fromm, „Ihr werdet sein wie Gott. Eine radikale Interpretation des Alten Testaments“, Stuttgart 1982, S. 77–105.*

30 *Johann Jacoby, Rede am 4. November 1848 in Berlin, in „Briefwechsel“, S. 627.*

> „Ihre Haltung, Ihre Worte waren es, welche die Würde der Deputation, die Würde der Versammlung wahrten, welche im ganzen Lande dem Andenken eines großen geschichtlichen Moments eine würdige Aufbewahrung sichern.“[31]

Leopold Zunz kommentiert die Angriffe, derer sich Jacoby zu erwehren hat, einen Talmud-Satz zitierend: Jacoby habe „sein ewiges Leben in einer Stunde erworben“, dafür werde er von „Schweinen angegrunzt“[32].

Nach dem Sieg der reaktionären Kräfte und der Auflösung der Preußischen Nationalversammlung wird Jacoby in die neu geschaffene Zweite Preußische Kammer gewählt. Er negiert die Rechtmäßigkeit der vom König aufgezwungenen Konstitution, die die Entscheidungsgewalt der konterrevolutionären Exekutive überlässt. Er hofft auf eine baldige Umkehrung der politischen Kräfteverhältnisse, gibt sich jedoch keinen Illusionen hin: „Was hilft uns aber die Majorität, wenn […] eine Regierung uns gegenübersteht, die auf Vernunftgründe mit Bajonetten antwortet. Durch parlamentarische Tapferkeit ist eine Konterrevolution noch nie besiegt worden.“[33] Im April 1849 wird auch die Zweite Preußische Kammer aufgelöst. Jacoby rückt nun als Ersatzmann in die Frankfurter Nationalversammlung auf, die dann aber nicht lange danach ebenfalls aufgelöst wird – die dritte Auflösung für Jacoby.

Als Paulskirchenabgeordneter steht er das zweite Mal dem preußischen König gegenüber, dieses Mal als Mitglied einer Parlamentsdelegation, die Friedrich Wilhelm IV. am 3. April 1849 die Kaiserkrone anzutragen gedenkt. Die parlamentarische Abordnung wird vom Parlamentspräsidenten Eduard von Simson, einem getauften Juden, angeführt. Indes will der König, der die Deputation sichtbar ungnädig empfängt, die

31 Dankschreiben von Mitgliedern der preußischen Nationalversammlung an Johann Jacoby, Berlin, veröffentlicht am 5. November 1848, in „Briefwechsel“, S. 524 f.

32 Zitat nach Bernt Engelmann, „Die Freiheit! Das Recht! Johann Jacoby und die Anfänge unserer Demokratie“, Berlin/Bonn 1984, S. 153.

33 Johann Jacoby an Simon Meyerowitz, 6. März 1849, in „Briefwechsel“, S. 560 f.

kaiserlichen Insignien nicht. Er will die Krone nicht vom Volk, nicht aus der Hand von demokratisch gewählten Volksvertretern, übergeben bekommen, sieht er sich doch – anlehnend an die lange deutsche Tradition – als legitimer Herrscher von „Gottes Gnaden". Die parlamentarische Abordnung, für den König nichts als die Vertreterin eines von ihm verachteten „Tagelöhnerparlaments", muss unverrichteter Dinge wieder abziehen.

Die revolutionäre Entwicklung des Jahres 1848 nimmt nicht den Verlauf, den sich Jacoby gewünscht hat. Resigniert stellt fest, dass die Mehrheit der Bevölkerung für einen Republikanismus nicht zu haben ist. Aus einem vom 20. August 1848 datierten an Fanny Adelson gerichteten Brief spricht sowohl die Resignation über die unmittelbare Zukunft als auch die Zuversicht eines späteren Sieges der Demokratie:

> „Wir, die wir die wahre Freiheit der Völker, Gerechtigkeit und Wohlfahrt für alle wollen, müssen für den Augenblick die Reaktionäre ruhig gewähren lassen und uns darauf beschränken, der neuen Zeit vorzuarbeiten, die uns sicher zum Ziel führen wird."[34]

Inzwischen ist Jacoby zu der Überzeugung gelangt, dass die Paulskirche die Freiheitsidee verraten habe, indem sie die Regierung Preußens im Besitz der bewaffneten Macht beließ.

Nachdem Preußens König Friedrich Wilhelm IV. die ihm angebotene Kaiserkrone im April 1849 abgelehnt hat und weitere Verhandlungen in Frankfurt aufgrund der erstarkenden Macht der Fürsten unmöglich sind, zieht sich das Parlament am 30. Mai 1849 nach Stuttgart zurück. Württemberg hatte die Verfassung anerkannt und liegt in der Nähe der liberalen Zentren in Süddeutschland. Dort tagen dann die verbliebenen Abgeordneten der Nationalversammlung vom 6. bis 18. Juni 1849 als sogenanntes Rumpf- oder auch Gegenparlament mit dem Ziel, die liberalen und demokratischen Beschlüsse zu

34 Johann Jacoby an Fanny Adelson, 20. August 1848, in „Briefwechsel", S. 488.

retten. Schließlich bleibt auch dieser letzte Versuch der Revolution 1848/49 erfolglos. Jacoby bleibt auf seinem Posten, weil er es „der Ehre der Nation und vor allem der Ehre der Volksvertretung schuldig zu sein" glaubt.[35] Doch das Stuttgarter Rumpfparlament wird schließlich von württembergischen Truppen auseinandergesprengt. Jacoby bleibt nur festzustellen, dass jede Revolution verloren ist, welche die „alten wohlorganisierten Gewalten" neben sich fortbestehen lässt.[36]

Jacoby ist bewusst, dass er als Mitglied des Rumpfparlaments von der preußischen Regierung als Hochverräter betrachtet und beim Betreten preußischen Bodens verhaftet würde. Und er weiß auch, was ihm in diesem Falle eines mit Geschworenen aus den Reihen seiner entschiedensten politischen Gegner bei einem Richterspruch droht: Schleifen zur Richtstätte, Rädern und die öffentliche Zurschaustellung des zerschmetterten Leichnams.

Er flieht in die Schweiz. Seine Schwestern flehen ihn an, im sicheren Schweizer Exil zu bleiben. Jacobys Antwortbrief, nach Meinung Edmund Silberners, der biographisch bedeutendste, den er jemals verfasst hat, ist von höchster Sittlichkeit durchdrungen. Er schreibt:

> „Ich kenne die Macht und den bösen Willen der Regierung, vor der der Unschuldige nicht sicher ist, ich kenne die politische Apathie des Volkes, das jedes Unrecht ruhig hinnehmen wird; ich weiß, was mir zu Hause bevorsteht und daß ein günstiger Umschwung der Dinge noch nicht so bald zu erwarten ist. Dennoch kann ich nicht anders handeln. […] mein Gefühl sträubt sich dagegen, […] zur Zeit der Not und Unterdrückung das Vaterland zu meiden. Solange meine Mitbürger in den Fesseln des Absolutismus schmachten, solange viele meiner früheren Genossen – gerade durch mein Wort und Beispiel zum politischen Wirken angeregt – dafür im Kerker büßen, würde ich auch im

35 *Johann Jacoby an Simon Meyerowitz, 9./10. Juni 1849, in „Briefwechsel", S. 583.*
36 *Ebd., Brief vom 19. Juni 1849, S. 586.*

freieren Auslande keinen frohen Augenblick haben; mit meinen Gedanken würde ich doch immer in der Heimat sein: das Ausland wäre mir nur ein größeres Gefängnis, in welchem ich – unzufrieden mit mir selbst – körperlich und geistig verkommen müsste. […] Mögen überweise Egoisten mich einen ‚Schwärmer' heißen oder ‚Märtyrersucht' mir als Motiv unterlegen – je mächtiger die Willkürherrschaft, je allgemeiner die Furcht vor derselben, um so mehr fühle ich die Verpflichtung in mir, mit dem Beispiele des Muts voranzugehen und der Gewalt mein gutes Recht entgegenzustellen."[37]

Jacoby kehrt tatsächlich zurück und stellt sich freiwillig dem Gericht. Er muss zunächst sechs Wochen in Untersuchungshaft und wird wegen Hochverrat angeklagt. Am 8. Dezember 1849 beginnt die Schwurgerichtsverhandlung. In seiner Verteidigungsrede beruft er sich darauf, dass er für seine Teilnahme am Rumpfparlament nur der Nation, seinen Wählern und seinem eigenen Gewissen rechenschaftspflichtig sei. Es geschieht das Unerwartete: Die Geschworenen sprechen Jacoby mit acht zu vier Stimmen frei. Es ist erneut der Sieg eines politischen Juden und Patrioten. In einer von Leopold Zunz verfassten Adresse an Jacoby wird dieser als „unbeugsamer Herold des Rechts und der Wahrheit" gerühmt.[38]

Mit dem Freispruch Jacobys ist seine erste Phase öffentlicher Tätigkeit vorerst beendet. Er weiß, dass er und seine radikaldemokratischen Gesinnungsfreunde – noch – keine Chance haben, in die preußisch-deutsche Politik einzugreifen. Er selbst sieht sich von der ganzen Linken der Revolutionszeit 1848/49 als die „gefürchtet[e]ste Vogelscheuche des Ruhe und Ordnung liebenden, sehr achtbaren Philistertums". Und diesem, dem liberalen Besitzbürgertum, gehört die Stunde.

---

37 *Johann Jacoby an seine Schwestern Betty und Karoline, 18. August 1849, in „Briefwechsel", S. 590.*

38 *Adresse der Berliner Volkspartei an Johann Jacoby, 19. Dezember 1849, in „Briefwechsel", S. 603.*

KEINE DEMOKRATIE OHNE JUDENEMANZIPATION

Infolge der Niederlage der Revolution von 1848 wurde auch die in der Paulskirchenverfassung verankerte jüdische Emanzipation nicht verwirklicht. Die Restaurationsgewalten, die obsiegt hatten, lehnten die politische Gleichstellung der Juden ab und versuchten, ihre gesellschaftliche Eingliederung zu verhindern. Gleichwohl waren sie zu gewissen Zugeständnissen gezwungen, weil sich nach der gescheiterten Revolution das gesellschaftliche Antlitz Deutschlands gewandelt hatte: An die Stelle der agrarischen, statischen und traditionellen ständischen Ordnung trat die dynamische, auf sozialer Mobilität beruhende marktwirtschaftliche Klassengesellschaft.

Die Opfer des revolutionären Sturmjahres 1848 waren dennoch nicht vergeblich – sie bewirkten einen grundlegenden Wandel im Selbstbewusstsein der deutschen Juden. Die meisten Juden hatten gehofft, dass diese Revolution ihre politische und gesellschaftliche Gleichberechtigung herbeiführen und die religiösen Vorurteile beseitigen werde. Das sollte sich jedoch nicht unmittelbar einstellen und ließ auf sich warten. Und das lag nicht nur daran, dass die Märzrevolution desaströs endete.

Die Auftritte Johann Jacobys innerhalb und außerhalb des Parlaments, in denen er zur „Judensache" sprach, waren eindrucksvoll. Eine von oben verordnete Emanzipation war für ihn unzulänglich. Eine soziale Integration in die deutsche Gesellschaft, da war er sich sicher, sei nur im gemeinsamen Kampf mit den von den Gewalthabern unterdrückten und entrechteten Unterschichten zu erringen. Man müsse das Gefängnis, in dem „uns" der obrigkeitliche Feind gefangen halte, zerstören, meinte er.

Seit den 1860er Jahr trat er erneut auf. Als Mitglied der liberalen Fortschrittspartei stand Jacoby ab 1862 im preußischen Verfassungskonflikt gegen Bismarcks reaktionäre und aggressive Innen- und Außenpolitik. Jacoby ergänzte seine rechtlichen Positionen fortan um soziale und sogar völkerrechtliche Betrachtungen. 1863 wurde er in die Zweite Kammer des preußischen Abgeordnetenhauses gewählt. Dort verweigerte er der Regierung Bismarck das Budget und rief zur allgemeinen Steuerverweigerung auf, was ihm ein Dreivierteljahr Haft einbrachte.

In einer Rede vor seinen Wählern sagte Jacoby am 13. November 1863, wenn Preußen als Rechtsstaat erstehen soll, müsse notwendigerweise der „Militär- und Junkerstaat Preußen" untergehen; dies aber sei nur möglich, wenn das Volk zu „politischer Selbsthilfe" schreite.[39] Dieser Rede wegen verurteilte ihn das Kammergericht Berlin zu sechs Monaten Gefängnis, die Jacoby in Königsberg verbüßte. Während der Haft verfasste er die Schrift *Der freie Mensch, Rück- und Vorschau*[40], in der er sich zur Philosophie Spinozas bekennt.

1867 lehnte Jacoby die Norddeutsche Bundesverfassung mit der bemerkenswert visionären Begründung ab:

> „Deutschland, in staatlicher Freiheit geeint, ist die sicherste Bürgschaft für den Frieden Europas; unter preußischer Militärherrschaft dagegen ist Deutschland eine beständige Gefahr für die Nachbarvölker, der Beginn einer Kriegsepoche, die uns in die traurigen Zeiten des Faustrechts zurückzuwerfen droht."[41]

Jacoby lehnte Annexionen ab, insbesondere die „verwerflichste", gewaltsame Einverleibung Elsass-Lothringens nach dem Deutsch-Französischen Krieg 1870/71. Nur wer die Freiheit anderer achte, sagte er, sei selbst der Freiheit wert.

Jacoby, der „alte dürre Jude", wie Bismarck ihn genannt hat, war ein Vorkämpfer des Selbstbestimmungsrechts der Völker und eines freien geeinten Europas. Er warf kühne Ge-

---

39 *Edmund Silberner, „Jacoby, Johann", in „Neue Deutsche Biographie" 10 (1974), S. 254–255 [Online-Version], deutsche-biographie.de/pnd118556436.html#ndbcontent (Zugriff 13.04.2024).*

40 *Johann Jacoby, „Der freie Mensch. Rück- und Vorschau eines Staatsgefangenen. Der homo liber des Paraklet Spinoza", Berlin 1866.*

41 *Zit. nach Ernest Hamburger, „Juden im öffentlichen Leben Deutschlands", S. 194.*

danken in die Debatte ein, die erst ein Jahrhundert später Beachtung finden sollten. Sein Eintreten für die Vereinigten Staaten Europas und für einen Friedens- und Freiheitsbund der europäischen Völker kam für seine Zeit zu früh.[42] Konsequent trat er für den Gedanken der internationalen Zusammenarbeit ein und bekämpfte den „falschen, weil engherzigen ‚Patriotismus'", so Jacob Toury.[43] Darum wurde er zum glühenden Antimilitaristen und lehnte ein sozialdemokratisches Mandat, das ihm 1874 angeboten wurde, mit der Begründung ab, dass man den deutschen „Militärstaat" nicht auf parlamentarischem Wege in einen „Volksstaat" werde umwandeln können.

Je mehr das Bürgertum von den Erfolgen der Bismarckschen Blut- und Eisenpolitik berauscht war und die freiheitliche Tradition von 1848 über Bord warf, desto mehr näherte sich Jacoby der Arbeiterbewegung. Während des Hochverratsprozesses gegen Wilhelm Liebknecht und August Bebel 1872 trat Jacoby dann demonstrativ zur Sozialdemokratischen Arbeiterpartei über. Für sein „respektloses" Auftreten musste er oftmals büßen: Die ultra-konservativen Gewalthaber ließen ihn immer wieder in den Kerker werfen.

Mit seinem Tod verschwand eine Persönlichkeit aus der politischen Arena, die die Moral des Judentums mit dem humanistischen Erbe der bürgerlichen Emanzipationsbewegung und der sozialen Befreiungsidee des Proletariats zu vereinen wusste. Jacoby starb am 6. März 1877 und wurde gemäß seines im Testament verfügten Wunsches auf dem jüdischen Friedhof Königsbergs nach traditionellem Ritus begraben. Die Traueransprache hielt Isaak Bamberger, der Rabbiner der Jüdischen Gemeinde Königsbergs. Jacobys wertvoller schriftlicher Nachlass ruhte fast siebzig Jahre in der Königsberger

42 *Johann Jacoby, „Das Ziel der Deutschen Volkspartei", in ders. „Gesammelte Schriften und Reden", Bd. 2, Hamburg 1877, S. 333.*

43 *Jacob Toury, S. 163.*

Stadtbibliothek und fiel während des Zweiten Weltkriegs dem nationalsozialistischen Regime zum Opfer.

Es stellt sich die Frage nach dem Scheitern oder Erfolg des fast 100 Jahre währenden Prozesses der Emanzipation der Juden seit dem Aufklärungszeitalter. Die formale rechtliche Gleichstellung kam zwanzig Jahre nach der Revolution von 1848 zu einem vorläufigen Abschluss: Im Juli 1869 hob das Parlament des Norddeutschen Bundes alle noch bestehenden Beschränkungen auf. Als zwei Jahre später die jüdische Gleichberechtigung auch in der Verfassung des Deutschen Reiches von 1871 rechtlich und politisch formal verankert wurde, schien die „Lösung der Judenfrage" erreicht. Aber – mit Walter Grab ausgedrückt, es bestand ein klaffender Zwiespalt zwischen dem geschriebenen und dem in Wirklichkeit geltenden Gesetz, zwischen Sollen und Sein, zwischen Sittlichkeit und Sitte. Das Gleichberechtigungsgesetz war kein Beschluss eines souveränen Volkes, das eine demokratische Ordnung erfolgreich durchgesetzt hatte. Das ungenügend entwickelte demokratische Bewusstsein der weitgehend im Untertanengeist verharrenden Bevölkerung ließ eine tatsächliche Integration der Juden in die bürgerliche Gesellschaft kaum zu. Die konservativen Eliten neigten grundsätzlich dazu, alle politischen Freiheitsrechte, also auch die Judenemanzipation, als staatliche Konzession mit dem Vorbehalt des Widerrufs zu betrachten. Konservative billigten das Judentum allenfalls mit dem Rang einer geduldeten, nicht aber einer gleichberechtigten Religion.

Die vollständige – auch in *sozialer* Hinsicht – jüdische Gleichberechtigung blieb bis 1918/19 eine Chimäre. Mit der von Hugo Preuß – auch er ein Jude – ausgearbeiteten Weimarer Verfassung war das deutsche Judentum den christlichen Religionen gleichgestellt. Die deutsche Judenheit schien sich also auf dem Gipfel ihrer Erfolge zu befinden – in Wirklichkeit war sie jedoch mehr gefährdet als jemals seit Beginn der Emanzipation. Selbst in der Weimarer Republik verblieben große Teile der Staatsverwaltung in den Händen der konservativen Bürokratie, die das demokratische Ideengut ablehnte. In ihrem Kampf gegen die Demokratisierung der Gesellschaft diente die Judenhetze als politischer Faktor ersten Ranges. Die Arbeiterbewegung, die ebenso interessiert an der Bewahrung der Demokratie hätte sein müssen wie die Juden, war gespalten und erwies sich als unfähig, den Nationalsozialisten den Weg zur Macht zu versperren und deren Mordhetze entgegenzutreten. Damit führte der Weg in den Abgrund – Verfolgung aller Demokraten, Vernichtung des europäischen Judentums, Massenmorde in allen von Deutschland besetzten Ländern. Erst auf den Gräbern von Millionen Toten brachte das Grundgesetz des Jahres 1949 die tatsächliche Gleichberechtigung für alle Deutschen unterschiedlichen Glaubens.

Dennoch: Der Kampf um die Emanzipation der Juden war seit Anbeginn Teil des allgemeinen Kampfes von Aufklärern und Revolutionären um Menschenrechte und soziale Gerechtigkeit: Sollte die gesellschaftliche Integration der Juden erfolgreich sein und allen politischen Wechselfällen standhalten, so musste die demokratische Idee und Lebensform im öffentlichen Bewusstsein verankert sein. Für Juden bedeutete die Errichtung einer demokratischen Ordnung, die ausnahmslos allen Bürgern volle Gleichberechtigung gewährte, eine unerlässliche Lebensnotwendigkeit. Demokratie und Judenemanzipation waren also zwei Seiten derselben Medaille.

LITERATUR ZU JOHANN JACOBY

Werner Bergmann, „Tumulte, Excesse, Pogrome. Kollektive Gewalt gegen Juden in Europa 1789–1900“, Wallstein, Göttingen 2020.

Bernt Engelmann, „Die Freiheit! Das Recht! Johann Jacoby und die Anfänge unserer Demokratie“, Dietz, Berlin/Bonn 1984.

Erich Fromm, „Ihr werdet sein wie Gott. Eine radikale Interpretation des Alten Testaments“, DVA, Stuttgart 1982.

Walter Grab, „Johann Jacobys Briefwechsel im Vormärz und in der Revolution von 1848/49“, in „Internationale wissenschaftliche Korrespondenz zur Geschichte der deutschen Arbeiterbewegung“ (IWK) 1, Berlin 1976.

Walter Grab, „Der deutsch-jüdische Freiheitskämpfer Johann Jacoby“, in „Juden im Vormärz und in der Revolution von 1848“, hg. v. Walter Grab u. Julius H. Schoeps, Universität Tel Aviv, Institut für deutsche Geschichte, Burg Verlag, Stuttgart/Bonn 1983.

Ernest Hamburger, „Juden im öffentlichen Leben Deutschlands“, Mohr, Tübingen 1968.

Wolfgang Häusler, „Die Revolution von 1848 und die österreichischen Juden“, in „Studia Austria“, Bd. 1, Herold, Wien 1974.

Johann Jacoby, „Gesammelte Schriften und Reden“, Otto Meißner, Hamburg 1872/1877.

– „Vier Fragen, beantwortet von einem Ostpreußen“, H. Hoff., Mannheim 1841.

– „Der freie Mensch. Rück- und Vorschau eines Staatsgefangenen. Der homo liber des Paraklet Spinoza“, Julius Springer, Berlin 1866.

– „Briefwechsel 1816–1849“, hg. u. erl. v. Edmund Silberner, Neue Gesellschaft, Bonn 1978.

Johanna Philippson, „Ludwig Philippson und die Allgemeine Zeitung des Judentums“, in Hans Liebeschütz u. Arnold Paucker (Hg.), „Das Judentum in der deutschen Umwelt 1800–1850“, Mohr, Tübingen 1977.

Edmund Silberner, „Johann Jacoby in der Revolution von 1848/49“, in „Archiv für Sozialgeschichte“, Jg. 10, 1970.

– „Jacoby, Johann“, in „Neue Deutsche Biographie“ 10 (1974), S. 254–255 [deutsche-biographie.de/pnd118556436.html#ndb content (Zugriff 13.04.2024).]

– „Johann Jacoby. Politiker und Mensch,“ Neue Gesellschaft, Bonn-Bad Godesberg 1976.

Jacob Toury, „Die politischen Orientierungen der Juden in Deutschland. Von Jena bis Weimar“, Mohr, Tübingen 1966.

Margarete Susman
und ihr jüdischer Beitrag zur politischen Philosophie

408 Seiten, 25 Abbildungen, Broschur
ISBN 978-3-95565-432-0
24,90 €

IMPRESSUM

MACHLOKET | STREITSCHRIFTEN · Band 7
Herausgeberin: Rabbinerin Prof. Dr. Elisa Klapheck

Die Deutsche Nationalbibliothek verzeichnet diese Publikation in der Deutschen Nationalbibliografie; detaillierte Daten sind im Internet über https://portal.dnb.de/ abrufbar.

Diese Veröffentlichung stellt keine Meinungsäußerung des Hentrich & Hentrich Verlags dar. Für die inhaltlichen Aussagen trägt die Herausgeberin die Verantwortung. Einige Passagen im Aufsatz „Vertrauen Sie der Macht des Rechts" verdanken sich der Diskussion mit der Herausgeberin.

Inh. Dr. Nora Pester
Capa-Haus, Jahnallee 61
04177 Leipzig
info@hentrichhentrich.de
www.hentrichhentrich.de

Lektorat: Lea Wyrwal
Gestaltung: Michaela Weber
Druck: Winterwork, Borsdorf

1. Auflage 2024

Printed in Germany
ISBN 978-3-95565-679-9